AF210479

Steuerschuldnerschaft des Leistungsempfängers
(Reverse-Charge-Verfahren)

Umsatzsteuer - Leitfaden für Praktiker

3. überarbeitete und erweiterte Auflage

Ihr-Ziel.de Pede

Steuerschuldnerschaft des Leistungsempfängers (Reverse-Charge-Verfahren)

Umsatzsteuer - Leitfaden für Praktiker

3. überarbeitete und erweiterte Auflage

Bibliografische Information der Deutschen Nationalbibliothek:
Die Deutsche Nationalbibliothek verzeichnet diese Publikation in der Deutschen Nationalbibliografie; detaillierte bibliografische Daten sind im Internet über http://dnb.dnb.de abrufbar.

3. überarbeitete und erweiterte Auflage 2025

Das Urheberrecht liegt beim Autor: © Ihr-Ziel.de Pede

Technische Umsetzung:

IHR-ZIEL.DE Verlags- u. Bildungsgesellschaft mbH, Ebermannstadt

Verlag: BoD · Books on Demand GmbH, Überseering 33, 22297 Hamburg, bod@bod.de

Druck: Libri Plureos GmbH, Friedensallee 273, 22763 Hamburg

ISBN: 978-3-8192-4711-8

Vorwort

Die Umsatzsteuer hat sich in den vergangenen Jahren zu einem der kompliziertesten Rechtsgebiete entwickelt, das einer ständigen Veränderung unterliegt.

Immer wieder muss man in den Unternehmen, aber auch in der Steuerberatung feststellen, dass insbesondere junge Prüfer der Finanzverwaltung umfassend „fit" und sehr motiviert sind. Sie gehen in der Regel völlig anders vor, als die älteren Prüfer bei in der Vergangenheit durchgeführten Außenprüfungen. Folglich ergeben sich häufig enorme Nachzahlungsbeträge.

Mit dem vorliegenden Buch wende ich mich an diejenigen, die in der Praxis die Vorschriften für die Steuerschuldnerschaft des Leistungsempfängers (sogenanntes „Reverse-Charge-Verfahren" oder „Steuerschuldumkehr") umsetzen müssen. Alle EU-Staaten, sowie viele Drittstaaten haben Regelungen zu diesem Themengebiet, die sich aber sehr voneinander **unterscheiden**. Ich unterstelle, dass sich die Leser dieses Buches auf die deutsche Regelung beschränken und gehe deshalb nur auf diese nationalen Vorschriften ein. In Deutschland ist die Steuerschuldnerschaft des Leistungsempfängers im § 13b UStG umgesetzt. Der § 13b UStG wurde in den letzten Jahren erheblich erweitert. Folglich ist die Vorschrift unübersichtlich geworden und sehr schwer zu handhaben. Zur gesetzlichen Vorschrift sind außerdem von der Finanzverwaltung sehr viele Abschnitte im dazugehörigen Teil des UStAE erlassen worden. Der § 13b UStG beinhaltet zur Zeit einen Tatbestand im ersten Absatz und 12 weitere Tatbestände im zweiten Absatz. Zusammen sind das 13 unterschiedliche Tatbestände, die in der Praxis immer wieder zu Anwendungsproblemen führen.

Nicht nur die Buchhaltungsabteilungen in den Unternehmen, sondern auch die Mitarbeiter in den Steuerberatungskanzleien und auch Finanzamtsbeschäftigte tun sich bei der praktischen

Anwendung sehr schwer mit den unterschiedlichen Regelungen im § 13b UStG.

In diesem Buch habe ich versucht, die Regelungen zum deutschen Reverse-Charge-Verfahren kurz, aber aussagekräftig zu erklären. Dabei habe ich die jeweiligen Vorschriften-Fundstellen angegeben, um das grundlegende „Rüstzeug" für eventuelle Widerspruchsbegründungen an die Hand zu geben. Darüber hinaus sind sehr viele Beispiele mit den entsprechenden Lösungen beigefügt.

! **Weil die einzelnen Gliederungspunkte dieses Buches aufeinander aufbauen, ist es wichtig, dieses Buch <u>mindestens einmal von vorne bis hinten</u> durchzulesen und dabei nichts auszulassen.**

Ich hoffe, dass ich mit diesem Buch sehr viele der in der Praxis auftretenden Fragen ausreichend beantworten kann, damit die Leser gut vorbereitet sind für die nächste Betriebsprüfung, Umsatzsteuer-Sonderprüfung und Umsatzsteuer-Nachschau.

Die vorliegende dritte Auflage wurde umfangreich überarbeitet und wesentlich erweitert. Die seit der zweiten Auflage eingetretenen Änderungen der Vorschriften und die seit dem ergangenen wichtigsten EuGH- sowie BFH-Urteile wurden dabei berücksichtigt.

Eine PDF-Datei mit <u>eventuellen Korrekturen</u> zu diesem Buch finden Sie im Internet unter dem Link:

www.ihr-ziel.de/verlag/25051.pdf

Die dort abgelegte PDF wird ggf. aktualisiert, sodass ich davon ausgehe, dass Leser wiederholt diesen Link aufrufen.

Ich bin für Anregungen, Kritik und Fehlermeldungen dankbar. Senden Sie mir dann bitte eine eMail an folgende Adresse:

25051@ihr-ziel.de

Ebermannstadt, im Mai 2025   Ihr-Ziel.de Pede

Abkürzungsverzeichnis

a.a.O.	am angeführten / angegebenen Ort
A.	Abschnitt
ABl. EG / EU	Amtsblatt der Europäischen Gemeinschaft / Union
Abs.	Absatz
Abschn.	Abschnitt
AHK	Auslandshandelskammer
AO	Abgabenordnung
Art.	Artikel
Az.	Aktenzeichen
B2B	Business-to-Business (Unternehmer an Unternehmer)
B2C	Business-to-Consumer (Unternehmer an Endverbraucher)
B2G	Business-to-Government (Unternehmer an Behörde)
BAnz	Bundesanzeiger
BFH	Bundesfinanzhof
BGB	Bürgerliches Gesetzbuch
BGBl	Bundesgesetzblatt
BGH	Bundesgerichtshof
BMF	Bundesminister bzw. Bundesministerium der Finanzen
BStBl	Bundessteuerblatt
BZSt	Bundeszentralamt für Steuern
bzw.	beziehungsweise
d.h.	das heißt
dergl.	dergleichen
EG / EU	Europäische Gemeinschaft / Union
EStG	Einkommensteuergesetz
EuGH	Europäischer Gerichtshof
EUSt	Einfuhrumsatzsteuer
FA	Finanzamt
ff.	fort folgend
FG	Finanzgericht
FinBeh	Finanzbehörde
FinMin	Finanzministerium
FinVerw	Finanzverwaltung
gem.	gemäß
ggf.	gegebenenfalls
GoBD	Grundsätze zur ordnungsmäßigen Führung und Aufbewahrung von Büchern, Aufzeichnungen und Unterlagen in elektronischer Form sowie zum Datenzugriff (BMF-Schreiben vom 28.11.2019 und 11.03.2024)
H.	Hinweis
HGB	Handelsgesetzbuch
idF	in der Fassung vom
idR	in der Regel

idS	in diesem Sinne
ieS	im engeren Sinne
igErwerb	innergemeinschaftlicher Erwerb
igDienstleistung	innergemeinschaftliche Dienstleistung
igDreiecksgeschäft	innergemeinschaftliches Dreiecksgeschäft
igLieferung	innergemeinschaftliche Lieferung
igVerbringen	innergemeinschaftliches Verbringen
iHv	in Höhe von
iSd	im Sinne des/der
iSv	im Sinne von
iVm	in Verbindung mit
LFD	Landesfinanzdirektion
LFS	Landesamt für Steuern
lt.	laut
MwStSystRL	Richtlinie 2006/112/EG v. 28.11.2006 über das gemeinsame Mehrwertsteuersystem (Mehrwertsteuer-Systemrichtlinie)
MwStVO	Durchführungsverordnung (EU 282/2011)
o.a.	oben angeführt
o.g.	oben genannt
od.	oder
OFD	Oberfinanzdirektion
R.	Richtlinie
rd.	rund
Reverse-Charge	Steuerschuldnerschaft des Leistungsempfängers
Rn.	Randnummer
s.o.	siehe oben
Tz.	Textziffer
u.	und
u.a.	unter anderem
u.ä.	und ähnliches
u.U.	unter Umständen
USt	Umsatzsteuer
UStAE	amtlicher Umsatzsteuer-Anwendungserlass
UStDV	Umsatzsteuer-Durchführungsverordnung
USt-IdNr	Umsatzsteuer-Identifikationsnummer
UStG	Umsatzsteuergesetz
usw.	und so weiter
uvZTA	Zolltarifauskunft (Zollvordruckmuster 0310)
v.	vom
VA	Voranmeldung
Vfg	amtliche Verfügung
vgl.	vergleiche
VO	Verordnung
z.B.	zum Beispiel
z.Zt.	zur Zeit
VZ	Voranmeldungszeitraum

Inhaltsverzeichnis

1. Allgemeines zur Steuerschuldnerschaft des Leistungsempfängers

Grundsätzlich ist der Leistende Steuerschuldner der Umsatzsteuer (Art. 193 EU-MwStSystRL, in Deutschland § 13a (1) Nr. 1 UStG).

In bestimmten Ausnahmefällen wird von diesem Grundsatz abgewichen und die Steuerschuldnerschaft geht für bestimmte Umsätze auf den Kunden über, d.h. der Kunde ist Steuerschuldner gegenüber dem Fiskus (internationale Bezeichnung: **„Reverse-Charge-Verfahren"**).

Fälle des Reverse-Charge-Verfahrens sind nach dem deutschen UStG:

- die Steuerschuldnerschaft des Leistungsempfängers nach § 13b UStG

- igDreiecksgeschäfte (Sonderfall bei einem Reihengeschäft, siehe § 25b UStG) für die Lieferung an den letzten Abnehmer. Auf Reihen- und igDreiecksgeschäfte wird in diesem Buch nicht eingegangen.

- im weitesten Sinne der igErwerb iSd § 1a UStG und die Einfuhr aus einem Drittstaat. Auf den igErwerb und die Einfuhr wird in diesem Buch nicht eingegangen.

1.1. Reverse-Charge-Regelungen im Ausland

Dem deutschen § 13b UStG vergleichbare Vorschriften gibt es inzwischen in allen EU-Staaten und in vielen Drittländern. Diese weichen aber im Detail von den deutschen Regelungen ab (<u>auch in der EU</u>).

Sollte ein deutscher Unternehmer im Ausland eine Lieferung oder sonstige Leistung erbringen (Umsatzort nach den Ortsvorschriften nicht in Deutschland), **ist** die <u>vergleichbare ausländische Regelung</u> anzuwenden. Dazu muss sich der Unternehmer erkundigen, ob in dem jeweiligen Staat eine entsprechende Regelung vorhanden ist und wie sie durchzuführen ist.

!

Die IHK-Bonn hat eine Zusammenstellung veröffentlicht, um auf die teilweise <u>erheblich abweichenden</u> ausländischen Regelungen zum Reverse-Charge-Verfahren hinzuweisen, Internet-Link:

www.ihr-ziel.de/net/RCV-Länderliste

Die Übersicht hat (leider) den veralteten Stand vom 01.01.2015. Die IHK-Bonn weist in der PDF (auf Seite 6 unten und Seite 7 oben) darauf hin, dass die Übersicht nur erste Hinweise geben soll und keinen Anspruch auf Vollständigkeit erhebt. Für detaillierte, aktuelle, landesspezifische Auskünfte soll sich der Unternehmer an die zuständige Auslandshandelskammer (AHK) wenden, so die IHK-Bonn.

Da für diese Fälle die deutsche Finanzbehörde nicht zuständig ist, sondern die Finanzbehörde des Staates, in welchem sich der Umsatzsort nach den Ortsvorschriften des UStG befindet und der Unternehmer häufig nicht die Landessprache beherrscht, hat die Deutsche Auslandshandelskammer (AHK) eine Auskunftsmöglichkeit geschaffen. Im Internet hat sie unter www.ahk.de (dort unter „Standorte") die Ansprechpartner und Telefonnummern sowie eMail-Adressen ihrer Außenstellen veröffentlicht. Eine Anfrage ist in diesen Fällen zu empfehlen, da die vergleichbaren ausländischen Regelungen teilweise <u>erheblich voneinander abweichen</u> und einer **ständigen Änderung** unterliegen.

Nachdem man sich die Kommunikationsdaten der zuständigen Außenstelle der Deutschen Auslandshandelskammer im Internet besorgt hat, sollte vorzugsweise eine eMail verfasst werden. Da es sich um Außenstellen der Deutschen Auslandshandelskammer handelt, ist eine Kommunikation in der Regel in deutscher Sprache möglich. Dabei sollte der Fall kurz beschrieben und eine Kurzlösung nach deutschem UStG sowie eine Musterrechnung beigefügt werden. Dann sollten folgende Fragen gestellt werden:

1. Ist die Lösung des Falles nach dem Recht dieses Staates auch so (wie analog im deutschen Recht), oder weicht das Recht des zuständigen Staates ab ?
2. Muss der Leistende die Rechnung in einer bestimmten Frist erstellt werden ?
3. Muss die Rechnung in einer bestimmten Sprache ausge-

stellt werden ?

4. Muss die Rechnung bestimmte (von den deutschen Vorschriften abweichende) Rechnungsinhalte haben, evtl. auch in ausländischer Sprache ?

5. Ist für diesen Fall nach dem UStG des betreffenden Staates das Reverse-Charge-Verfahren anwendbar, also ist der Leistungsempfänger Steuerschuldner ?

   a. Wenn das Reverse-Charge-Verfahren anwendbar ist, muss dann ein bestimmter zusätzlicher Text in der Rechnung enthalten sein (der auf das Reverse-Charge-Verfahren hinweist) und gelten weitere Besonderheiten ? Was passiert, wenn ein vorgeschriebener Text fehlt ?

   b. Wenn das Reverse-Charge-Verfahren nicht anwendbar ist, muss dann eine Registrierung in diesem Staat erfolgen und bei welchem Finanzamt ist diese wie vorzunehmen ? Müssen auch weitere Besonderheiten beachtet werden (z.B. Pflichtfiskalvertreter) ?

Es muss ausdrücklich darauf hingewiesen werden, dass umfangreiche <u>Auskünfte der AHK</u> **kostenpflichtig** sind. Die jeweiligen Außenstellen der AHK legen diese Gebühren in eigener Verantwortung selbst fest.

Wendet der ausländische Staat das Reverse-Charge-Verfahren an, muss in der Rechnung idR ein Hinweis darauf erfolgen. **Als Anlage 14 wurde eine Liste mit den EU-Staaten beigefügt, die entsprechende Hinweistexte aufführt.**

Ein besonderes Problem entsteht, wenn der deutsche Unternehmer eine Lieferung oder sonstige Leistung erbringt, deren Umsatzort im Ausland ist, und dieser Staat für diese Lieferung bzw. sonstige Leistung die Reverse-Charge-Regelung nicht anwendet oder diese an einen Nichtunternehmer erfolgt. Der deutsche Unternehmer hat sich dann grundsätzlich in diesem Staat registrieren zu lassen. <u>Er muss dann das in diesem Staat geltende USt-Recht beachten.</u> Insbesondere hat er eine Rechnung nach den Vorschriften dieses Staates zu erstellen und die dort zu berechnende USt vom Leistungsempfänger zu erheben. Die Erklärung und Abführung erfolgt dann an das jeweilige für deutsche Unternehmer zuständige Finanzamt in diesem Staat. Auch hier sollte die deutsche Auslandshandelskammer weiterhelfen können.

1.2. EU-Regelungen zum Reverse-Charge-Verfahren

In der EU-MwStSystRL sind im Art. 193 ff. Regelungen zum Reverse-Charge-Verfahren. Diese Regelungen sind getrennt zu betrachten (vgl. die nachfolgenden Gliederungspunkte). Außerdem kann der EU-Rat auf Vorschlag der EU-Kommission nach Art. 199b iVm Art. 395 EU-MwStSystRL jeden Mitgliedstaat ermächtigen, Sondermaßnahmen einzuführen, um die Steuererhebung zu vereinfachen oder Steuerhinterziehungen oder -umgehungen zu verhindern (siehe Gliederungspunkt 3.14).

1.2.1. EU-Regelung zum Reverse-Charge-Verfahren nach Art. 196 EU-MwStSystRL

Alle EU-Mitgliedstaaten müssen in ihren jeweiligen nationalen Gesetzen ein Pflicht-Reverse-Charge-Verfahren entsprechend Art. 196 EU-MwStSystRL geregelt haben, wenn

- der Leistungsempfänger ein Steuerpflichtiger ist (also Unternehmer bzw. nichtunternehmerische juristische Person mit USt-IdNr),

- der betreffende Umsatz eine Dienstleistung ist (also sonstige Leistung) und der Umsatzort für diese Dienstleistung nach der B2B-Regelung des Art. 44 EU-MwStSystRL bestimmt wird (in Deutschland § 3a (2) UStG) sowie

- der Leistende ein Steuerpflichtiger (also Unternehmer) ist, der nicht in dem EU-Staat ansässig ist, in dem der Umsatzort liegt.

Die Regelung des Art. 196 EU-MwStSystRL ist in den Umsatzsteuergesetzen aller EU-Staaten enthalten, allerdings dort unter anderen §§-Nummern.

Deutschland hat das Pflicht-Reverse-Charge-Verfahren nach Art. 196 EU-MwStSystRL im **§ 13b (1) UStG** geregelt.

Praxishinweis:

<u>Probleme</u> gibt es in der Praxis aber immer wieder in Zusammenhang mit den nationalen Vorschriften zur Bestimmung des Umsatzorts bei Dienstleistungen.

<u>Im Detail</u> unterscheiden sich die Abgrenzungsregelungen bei den Ortsvorschriften für Dienstleistungen zwischen den verschiedenen Staaten (auch in der EU). Es darf nicht unterstellt werden, dass die Detailregelungen im <u>deutschen</u> UStAE auch in den anderen Staaten genauso angewendet werden.

Beispielsweise fällt in Deutschland die Veröffentlichung von Immobilienanzeigen nicht unter die Ortsvorschrift für Grundstücksleistungen (vgl. A. 3a.3 (10) Nr. 5 UStAE), sondern unter die B2B-Regelung des § 3a (2) UStG. Damit ist (bei Erfüllung der übrigen Voraussetzung) in Deutschland für diese Leistung das Pflicht-Reverse-Charge-Verfahren nach § 13b (1) UStG (entsprechend Art. 196 EU-MwStSystRL) anzuwenden. In mehreren Staaten ist die Veröffentlichung von Immobilienanzeigen für ein genau bezeichnetes Grundstück aber eine Grundstücksleistung und es sind dort die Ortsvorschriften für sonstige Leistungen an Grundstücken (entsprechend der deutschen Ortsvorschrift des § 3a (3) Nr. 1 UStG) anzuwenden, mit der Folge, dass das dortige Pflicht-Reverse-Charge-Verfahren nach Art 196 EU-MwStSystRL nicht greift. Hat dieser EU-Staat <u>für **diese** Leistung</u> nicht von den in Art. 194 ff. EU-MwStSystRL aufgeführten Regelungen (siehe nachfolgenden Gliederungspunkt) zum Reverse-Charge-Verfahren Gebrauch gemacht, ist nach Art. 193 erster Halbsatz EU-MwStSystRL <u>der leistende Unternehmer</u> Steuerschuldner, d.h. er muss grundsätzlich die dort gültige Steuer von seinem Kunden erheben und an die dortige Finanzverwaltung abführen.

Die weitere Abhandlung zu § 13b (1) UStG befindet sich unter Gliederungspunkt 3.1

1.2.2. EU-Regelung zum Reverse-Charge-Verfahren nach Art. 194 EU-MwStSystRL

Die EU-Mitgliedstaaten <u>können</u> in ihren jeweiligen nationalen Gesetzen <u>zusätzlich</u> ein Reverse-Charge-Verfahren entsprechend Art. 194 EU-MwStSystRL regeln, wenn

- der Leistende ein Steuerpflichtiger (also Unternehmer) ist, der nicht in dem Staat (EU oder Drittstaat) ansässig ist, in dem der Umsatzort liegt und

- der Leistungsempfänger ein Steuerpflichtiger ist (also Unternehmer bzw. nichtunternehmerische juristische Person mit USt-IdNr).

Deutschland hat von dieser Ermächtigung Gebrauch gemacht mit der Regelung im **§ 13b (2) Nr. 1 UStG.**

Praxishinweis:

Alle EU-Staaten haben in unterschiedlichem Umfang von der Ermächtigung des Art. 194 EU-MwStSystRL Gebrauch gemacht, aber dort **unterschiedliche Regelungen** getroffen. <u>Viele Drittstaaten haben eine ähnliche Regelung</u>.

In der Praxis kann man <u>nicht </u>davon ausgehen, dass der jeweilige Staat, indem der Umsatzort nach den Ortsvorschriften liegt, die Regelung so anwendet wie Deutschland.

Die weitere Abhandlung zu § 13b (2) Nr. 1 UStG befindet sich unter Gliederungspunkt 3.2

1.2.3. EU-Regelung zum Reverse-Charge-Verfahren nach Art. 195, Art. 198, Art. 199 und Art. 199a EU-MwStSystRL

Die EU-Mitgliedstaaten <u>können</u> in ihren jeweiligen nationalen Gesetzen <u>zusätzlich</u> Reverse-Charge-Verfahren für bestimmte Umsätze entsprechend Art. 195, Art. 198, Art. 199 und Art. 199a EU-MwStSystRL regeln.

Deutschland hat von dieser Ermächtigung Gebrauch gemacht mit den Regelungen im **§ 13b (2) Nr. 2 bis 12 UStG.**

Praxishinweis:

Alle EU-Staaten haben in unterschiedlichem Umfang von der Ermächtigung der oben genannten Artikel der EU-MwStSystRL Gebrauch gemacht, aber dort **unterschiedliche Regelungen** getroffen. <u>Viele Drittstaaten haben ähnliche Regelungen</u>. In der Praxis kann man <u>nicht</u> davon ausgehen, dass der jeweilige Staat, in dem der Umsatzort nach den Ortsvorschriften liegt, die Regelungen so anwendet wie Deutschland.

Die weitere Abhandlung zu § 13b (2) Nr. 2 bis 12 UStG befindet sich unter den Gliederungspunkten 3.3 bis 3.13

2. Grundvoraussetzungen für die Anwendung des Reverse-Charge-Verfahrens in Deutschland

Beim deutschen Reverse-Charge-Verfahren (Steuerschuldnerschaft des Leistungsempfängers nach § 13b UStG) sind gewisse Grundvoraussetzungen zu klären, die in den nachfolgenden Gliederungspunkten dargestellt werden.

2.1. erste Grundvoraussetzung: Eigenschaft des Leistenden und des Leistungsempfängers

Das Reverse-Charge-Verfahren nach § 13b UStG ist nur auf steuerbare (und steuerpflichtige) Umsätze anzuwenden. Damit überhaupt ein steuerbarer Vorgang vorliegt, muss nach § 1 UStG der **Leistende ein Unternehmer** sein, der den Umsatz im <u>Rahmen seines Unternehmens</u> tätigt (auf den igErwerb und auf die Einfuhr wird hier nicht eingegangen).

Nach § 13b (5) UStG muss der **Leistungsempfänger Unternehmer** oder (in bestimmten Fällen) eine juristische Person des öffentlichen Rechts sein.

Auch Kleinunternehmer nach § 19 UStG (siehe hierzu Gliederungspunkt 11), pauschalversteuernde Land- und Forstwirte nach § 24 UStG und Unternehmer, die ausschließlich steuerfreie Umsätze tätigen, sind verpflichtet, das Verfahren nach § 13b

UStG durchzuführen (A. 13b.1 (1) Satz 3 UStAE). Zur Abgabe von Voranmeldungen und Jahreserklärungen vgl. für diese Fälle A. 13b.16 UStAE.

Der Wohnsitz/Sitz des Leistungsempfängers muss nicht im Inland liegen, er ist auch dann Steuerschuldner, wenn er seinen Wohnsitz/Sitz im Ausland hat (A. 13b.1 (1) Satz 2 UStAE).

Zur Organschaft im Zusammenhang mit der Anwendung des § 13b UStG wird auf das BMF-Schreiben vom 27.09.2021 (BStBl. 2021, Teil I, Seite 1856) und auf die umfangreiche Verfügung der OFD-Frankfurt vom 27.10.2021 (Az. S7279A-1-St113) verwiesen.

Die Umsatzsteuer ist an das Finanzamt abzuführen, bei dem der Leistungsempfänger als Unternehmer ust-rechtlich erfasst ist. Für die juristischen Personen des öffentlichen Rechts ist das Finanzamt zuständig, in dessen Bezirk sie ihren Sitz haben (A. 13b.1 (1) Satz 5 und 6 UStAE).

Die Steuerschuldnerschaft nach § 13b UStG ist <u>auch anzuwenden</u>, wenn die Leistung für den nichtunternehmerischen Bereich des Leistungsempfängers bezogen wurde (§ 13b (5) Satz 7 UStG). Eine Ausnahme hiervon gibt es nur für bestimmte (im Gesetz genannte) Sonderfälle, wenn der Leistungsempfänger eine juristische Person des öffentlichen Rechts ist (§ 13b (5) Satz 11 UStG).

2.2. zweite Grundvoraussetzung: steuerbarer und steuerpflichtiger Umsatz

Unter das deutsche Reverse-Charge-Verfahren nach § 13b UStG fallen nur Leistungen, deren Umsatzort nach den Ortsvorschriften des deutschen UStG im Inland sind.

Das deutsche Reverse-Charge-Verfahren nach § 13b UStG ist <u>nicht anwendbar</u>, wenn nach den Ortsvorschriften des deutschen UStG der Umsatzort im Ausland liegt, dann gelten die (häufig abweichenden) Vorschriften dieses Staates.

Weil es unterschiedliche Ortsvorschriften gibt (vgl. § 3 ff. UStG), müssen für die Bestimmung des Umsatzsorts Lieferungen von sonstigen Leistungen unterschieden werden:

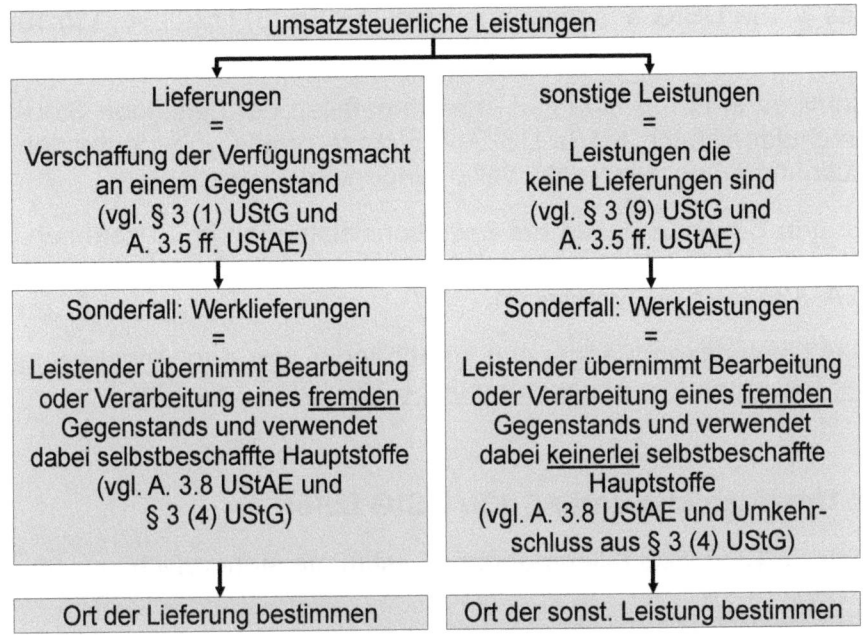

Befindet sich der Umsatzort nach dem deutschen UStG im Inland, ist der § 13b UStG nur dann zu prüfen, wenn es sich um nicht befreite, also <u>steuerpflichtige</u> Umsätze handelt (vgl. § 13b (1) und (2) erste Worte UStG).

Steuerbefreite Umsätze fallen unter die Anwendung des § 13b UStG, wenn der Leistende <u>zulässigerweise</u> nach § 9 UStG auf die Steuerfreiheit verzichtet hat (Option zur Steuerpflicht).

2.3. Ausnahmen von der Anwendung

Der § 13b (5) Satz 10 UStG stellt klar, dass die Steuerschuldnerschaft des Leistungsempfängers in bestimmten (dort genannten) Fällen **nicht** anzuwenden ist, wenn <u>beim Leistenden die Voraussetzungen der **Differenzbesteuerung**</u> nach § 25a UStG vorliegen und der leistende Unternehmer diese Regelung auch anwendet.

Weitere (genau bestimmte) Leistungen sind von der Anwendung des § 13b UStG ausgenommen (vgl. § 13b (6) UStG, A. 13b.10 UStAE).

Somit ist in den genannten Ausnahmefällen der Leistende Steuerschuldner nach § 13a UStG. Auf diese relativ unbedeutenden Ausnahmen soll hier nicht weiter eingegangen werden.

Zu den Besonderheiten bei Speditionsleistungen im Zusammenhang mit einer unfreien Versendung wird auf die Sonderregelung in A. 13b.9 UStAE verwiesen.

! Der Leistungsempfänger hat **un**abhängig von den Angaben in der Rechnung die Anwendung des § 13b UStG zu prüfen !

3. Umsätze, die unter § 13b UStG fallen

Unter § 13b UStG fallen nur ganz bestimmte steuerpflichtige Umsätze.

Entsprechend Art. 196 EU-MwStSystRL:

- Sonstige Leistungen eines im übrigen EU-Gebiet ansässigen Unternehmers, wenn sich der Ort dieser sonstigen Leistung nach der B2B-Regelung des § 3a (2) UStG bestimmt (§ 13b (1) UStG).

Entsprechend Art. 194 EU-MwStSystRL:

- Werklieferungen und sonstige Leistungen eines im Ausland ansässigen Unternehmers (§ 13b (2) Nr. 1 UStG). Vorrangig ist aber § 13b (1) UStG zu prüfen.

Entsprechend Art. 195, Art. 198, Art. 199 und Art. 199a EU-MwStSystRL:

- Lieferungen sicherungsübereigneter Gegenstände durch den Sicherungsgeber an den Sicherungsnehmer außerhalb des Insolvenzverfahrens (§ 13b (2) Nr. 2 UStG).

- Umsätze, die unter das Grunderwerbsteuergesetz fallen (§ 13b (2) Nr. 3 UStG).

- Bestimmte Bauleistungen (§ 13b (2) Nr. 4 UStG). Vorrangig ist aber § 13b (2) Nr. 1 UStG zu prüfen.

- Bestimmte Lieferungen von Gas, Elektrizität, Kälte und Wärme (§ 13b (2) Nr. 5 UStG).

- Übertragungen von bestimmten Berechtigungen nach dem Treibhausgas-Emissionshandelsgesetz, nach dem Projekt-Mechanismen-Gesetz, nach dem Brennstoffemissionshandelsgesetz sowie von Gas- und Elektrizitätszertifikaten (§ 13b (2) Nr. 6 UStG).

- Lieferungen bestimmter Schrott-, Altmetall- und Abfallstoffe (§ 13b (2) Nr. 7 UStG).

- Reinigung von Gebäuden und Gebäudeteilen (§ 13b (2) Nr. 8 UStG). Vorrangig ist aber § 13b (2) Nr. 1 UStG zu prüfen.

- Bestimmte Goldlieferungen (§ 13b (2) Nr. 9 UStG).

- Mobilfunkgeräte, Tablet-Computer, Spielekonsolen und integrierte Schaltkreise (§ 13b (2) Nr. 10 UStG), wenn die Summe der Entgelte im Rahmen eines wirtschaftlichen Vorgangs mindestens 5.000 € beträgt.

- Lieferung von bestimmten Metallen u.ä. (§ 13b (2) Nr. 11 UStG), wenn die Summe der Entgelte im Rahmen eines wirtschaftlichen Vorgangs mindestens 5.000 € beträgt.

- Sonstige Leistungen auf dem Gebiet der Telekommunikation (§ 13b (2) Nr. 12 UStG). Vorrangig ist aber § 13b (2) Nr. 1 UStG zu prüfen.

3.1. sonstige Leistungen eines im übrigen EU-Gebiet ansässigen Unternehmers, wenn sich der Ort dieser sonstigen Leistung nach § 3a (2) UStG bestimmt (§ 13b (1) UStG)

Zu diesem Gliederungspunkt bitte auch die Ausführungen in Gliederungspunkt 1.2.1 lesen.

Unter die Vorschrift des § 13b (1) UStG fallen <u>nur sonstige Leistungen einschließlich Werkleistungen</u> (Abgrenzung siehe § 3 (4) UStG und A. 3.8 UStAE), wenn sich der Ort dieser erbrachten sonstigen Leistung <u>nach der B2B-Ortsregelung des § 3a (2) UStG bestimmt</u> und im Inland liegt.

Reine Lieferungen und Werklieferungen fallen nicht unter diese Vorschrift. Werden vertraglich mehrere Leistungen erbracht, bei denen es sich nur teilweise um sonstige Leistungen bzw. Werkleistungen handelt, kommt es darauf an, welche Leistung im Vordergrund steht. Die Steuerschuldnerschaft nach § 13b (1) UStG greift nur, wenn die sonstige Leistung bzw. Werkleistung als <u>Hauptleistung</u> anzusehen ist. Die Nebenleistungen teilen jeweils das Schicksal der Hauptleistung (vgl. A. 3.10 (5) UStAE).

Die Vorschrift des § 13b (1) UStG greift nur, wenn der **Leistende** <u>im übrigen EU-Gebiet</u> **ansässig** ist oder die Leistung von einer Betriebsstätte aus erfolgte, die im übrigen EU-Gebiet liegt. Zum Umfang des übrigen EU-Gebiets (Gemeinschaftsgebiete) vgl. A. 1.10 UStAE. Mit Ansässigkeit ist nicht die ust-rechtliche Registrierung gemeint, diese ist unbeachtlich (**die Ansässigkeit ist nicht ablesbar an der USt-IdNr**). Maßgebend ist der Wohnsitz/Sitz des Unternehmers bzw. der Ort der den Umsatz ausführenden Betriebsstätte.

Ist es für den Leistungsempfänger ungewiss, ob der leistende Unternehmer im Zeitpunkt der Leistung im Inland ansässig ist (z.B. weil die ust-rechtliche Standortfrage unklar ist, oder die Angaben des leistenden Unternehmers zu Zweifeln Anlass geben), darf der Leistungsempfänger von der Anwendung der Vorschrift <u>nur absehen</u>, **wenn** der leistende Unternehmer dem Leistungsempfänger eine Finanzamtsbescheinigung vorlegt, aus der sich ergibt, dass der Leistende im Inland ansässig ist (Finanzamtsvordruck USt-1-TS, Anlage 13, vgl. § 13b (7) Satz 5 UStG und A.

13b.11 (3) UStAE). Die Bescheinigung hat der leistende Unternehmer bei dem für ihn zuständigen deutschen Finanzamt zu beantragen. Hat das zuständige Finanzamt in der USt-1-TS-Bescheinigung lediglich bestätigt, dass der Leistende eine Betriebsstätte im Inland unterhält, muss der Leistende zusätzlich noch bestätigen, dass die genannte Betriebsstätte an dem Umsatz beteiligt war.

Der Übergang der Steuerschuld auf den Leistungsempfänger nach § 13b (1) UStG ist nur anzuwenden, wenn der **Leistungsempfänger** ein Unternehmer oder eine juristische Person ist (§ 13b (5) Satz 1 UStG).

Die Steuerschuldnerschaft nach § 13b UStG ist auch anzuwenden, wenn die Leistung für den nichtunternehmerischen Bereich des Leistungsempfängers bezogen wurde (§ 13b (5) Satz 7 UStG). Eine Ausnahme hiervon gibt es nur für bestimmte (im Gesetz genannte) Sonderfälle, wenn der Leistungsempfänger eine juristische Person des öffentlichen Rechts ist (§ 13b (5) Satz 11 UStG).

Ein Umsatz, der unter § 13b (1) UStG fällt, wird in der Fachliteratur häufig als igDienstleistung (innergemeinschaftliche Dienstleistung) bezeichnet.

Praxishinweis:

Der Leistungsempfänger muss für die Überprüfung, ob § 13b (1) UStG anzuwenden ist, jede Rechnung auf die Anschrift(en) des Leistenden überprüfen. Sind deutsche und ausländische Anschriften enthalten, muss der Leistungsempfänger vom Leistenden eine USt-1-TS-Bescheinigung (Anlage 13) anfordern. Eine in der Rechnung angegebene deutsche **Steuer-Nr oder deutsche USt-IdNr ist nicht ausreichend**, denn diese bestätigt nicht die inländische Ansässigkeit, sondern nur die Registrierung in Deutschland. Hat das zuständige Finanzamt in der USt-1-TS-Bescheinigung lediglich bestätigt, dass der Leistende eine Betriebsstätte im Inland unterhält, muss der Leistende **zusätzlich** noch bestätigen, dass die genannte Betriebsstätte an dem jeweiligen Umsatz beteiligt war. Bis zum Vorliegen dieser Bescheinigung (und der evtl. zusätzlichen Bestätigung des Leistenden) ist der Leistungsempfänger Steuerschuldner nach § 13b UStG.

Als **Anlage 15** ist ein Schaubild beigelegt, dass ein Prüfschema enthält, wenn ein Leistender eine Rechnung übermittelt **mit einer ausländischen und deutschen Anschrift**.

Beispiel 1:

Für den Unternehmer U (Nürnberg) hat der Reparaturbetrieb F (Paris, Frankreich) die Instandsetzung eines beweglichen Gegenstandes ausgeführt. Der Umsatz war unstrittig eine Werkleistung.

Lösung:

Es handelt sich um eine sonstige Leistung (§ 3 (4) iVm § 3 (9) UStG), deren Ort sich nach § 3a (2) UStG bestimmt und in Nürnberg liegt. Der Umsatz ist in Deutschland steuerbar und nicht befreit. Der Unternehmer U als Leistungsempfänger ist nach § 13b (1) iVm (5) Satz 1 UStG verpflichtet, die Umsatzsteuer für die steuerpflichtige Leistung des F (im übrigen EU-Gebiet ansässiger Unternehmer) abzuführen.

Beispiel 2:

Für den Unternehmer U (Nürnberg) hat der Reparaturbetrieb F die Instandsetzung eines beweglichen Gegenstandes ausgeführt. Der Umsatz war unstrittig eine Werkleistung. In der Rechnung des F ist eine ausländische Anschrift (Paris, Frankreich) und zusätzlich eine deutsche Anschrift (München) mit deutscher USt-IdNr angegeben. Weitere Unterlagen zum Status des F liegen beim U nicht vor.

Lösung:

Es handelt sich um eine sonstige Leistung (§ 3 (4) iVm § 3 (9) UStG), deren Ort sich nach § 3a (2) UStG bestimmt und in Nürnberg liegt. Der Umsatz ist in Deutschland steuerbar und nicht befreit. Für den Leistungsempfänger U ist ungewiss, ob der leistende Unternehmer F im Leistungszeitpunkt im Inland ansässig war, weil die ust-rechtliche Standortfrage durch die Angabe einer französischen und einer deutschen Anschrift des F unklar ist. Der Leis-

© Ihr-Ziel.de Pede

tungsempfänger darf von der Anwendung der Vorschrift des § 13b UStG nur absehen, wenn der leistende Unternehmer dem Leistungsempfänger eine Bescheinigung nach dem Finanzamtsvordruckmuster USt-1-TS vorlegt, aus der sich ergibt, dass der Leistende F im Inland ansässig ist (A. 13b.11 (3) UStAE). Eine solche Bescheinigung liegt dem U nicht vor. Folglich ist der Unternehmer U als Leistungsempfänger nach § 13b (1) iVm (5) Satz 1 UStG verpflichtet, die Umsatzsteuer für die steuerpflichtige Leistung des F abzuführen.

3.2. Werklieferungen und sonstige Leistungen eines ausländischen Unternehmers (§ 13b (2) Nr. 1 UStG)

Zu diesem Gliederungspunkt bitte auch die Ausführungen in Gliederungspunkt 1.2.2 lesen.

Unter die Steuerschuldnerschaft des Leistungsempfängers fallen nach § 13b (2) Nr. 1 UStG Werklieferungen und die nicht vom § 13b (1) UStG „abgegriffenen" sonstigen Leistungen **von im Ausland ansässigen Unternehmern**. !

Unter die Vorschrift des § 13b (2) Nr. 1 UStG fallen nur Werklieferungen und sonstige Leistungen einschließlich Werkleistungen (Abgrenzung siehe § 3 (4) UStG und A. 3.8 UStAE).

Reine Lieferungen fallen nicht unter die Vorschrift. Werden vertraglich mehrere Leistungen erbracht, bei denen es sich nur teilweise um Werklieferungen bzw. sonstige Leistungen handelt, kommt es darauf an, welche Leistung im Vordergrund steht. Die Steuerschuldnerschaft nach § 13b (2) Nr. 1 UStG greift nur, wenn die Werklieferung bzw. sonstige Leistung als Hauptleistung anzusehen ist. Die Nebenleistungen teilen jeweils das Schicksal der Hauptleistung gem. A. 3.10 (5) UStAE.

Die Vorschrift des § 13 (2) Nr. 1 UStG greift nur, wenn der Leistende im Ausland ansässig ist (vgl. § 13b (7) UStG; A. 13b.11 UStAE). Ist es für den Leistungsempfänger ungewiss, ob der leistende Unternehmer im Zeitpunkt der Leistung im Inland ansässig ist (z.B. weil die ust-rechtliche Standortfrage unklar ist,

---

oder die Angaben des leistenden Unternehmers zu Zweifeln Anlass geben), darf der Leistungsempfänger von der Anwendung der Vorschrift <u>nur absehen</u>, **wenn** der leistende Unternehmer dem Leistungsempfänger eine Finanzamtsbescheinigung vorlegt, aus der sich ergibt, dass der Leistende im Inland ansässig ist (Finanzamtsvordruck USt-1-TS, Anlage 13, vgl. § 13b (7) Satz 5 UStG und A. 13b.11 (3) UStAE). Die Bescheinigung hat der leistende Unternehmer bei dem für ihn zuständigen deutschen Finanzamt zu beantragen. Hat das zuständige Finanzamt in der USt-1-TS-Bescheinigung lediglich bestätigt, dass der Leistende eine Betriebsstätte im Inland unterhält, muss <u>der Leistende zusätzlich</u> noch bestätigen, dass die genannte Betriebsstätte an dem Umsatz beteiligt war.

Der Übergang der Steuerschuld auf den Leistungsempfänger nach § 13b (2) Nr. 1 UStG ist nur anzuwenden, wenn der Leistungsempfänger ein Unternehmer oder eine juristische Person ist (§ 13b (5) Satz 1 UStG).

Die Steuerschuldnerschaft nach § 13b UStG ist <u>auch anzuwenden</u>, wenn die Leistung für den nichtunternehmerischen Bereich des Leistungsempfängers bezogen wurde (§ 13b (5) Satz 7 UStG). Eine Ausnahme hiervon gibt es nur für bestimmte (im Gesetz genannte) Sonderfälle, wenn der Leistungsempfänger eine juristische Person des öffentlichen Rechts ist (§ 13b (5) Satz 11 UStG).

! Der <u>§ 13b (1) UStG</u> hat **Vorrang** vor <u>§ 13b (2) Nr. 1 UStG</u>, d.h. wurde eine sonstige Leistung (einschließlich Werkleistung) von einem im übrigen EU-Gebiet ansässigen Unternehmer erbracht und bestimmt sich der Ort dieser Leistung nach § 3a (2) UStG, dann greift die Steuerschuldnerschaft nach § 13b (1) UStG (siehe Gliederungspunkt 3.1).

Beispiel 3:
Für den Unternehmer U (Nürnberg) plant der Architekt F (Paris, Frankreich) die Errichtung einer Lagerhalle in Erlangen.

Lösung:
Es handelt sich um eine sonstige Leistung, deren Ort sich

nach § 3a (3) Nr. 1 UStG bestimmt und in Erlangen liegt. Der Umsatz ist in Deutschland steuerbar und nicht befreit. Der Unternehmer U als Leistungsempfänger ist nach § 13b (2) Nr. 1 iVm (5) Satz 1 UStG verpflichtet, die Umsatzsteuer für die steuerpflichtige Leistung des F (ausländischer Unternehmer) abzuführen.

Beispiel 4:
Für den Unternehmer U (Nürnberg) hat die Spedition F (Paris, Frankreich) einen Gütertransport von Paris nach Erlangen ausgeführt.

Lösung:
Es handelt sich um eine sonstige Leistung, deren Ort sich nach § 3a (2) UStG bestimmt und in Nürnberg liegt. Der Umsatz ist in Deutschland steuerbar und nicht befreit. Der Unternehmer U als Leistungsempfänger ist nach § 13b (1) iVm (5) Satz 1 UStG verpflichtet, die Umsatzsteuer für die steuerpflichtige Leistung des F (im übrigen EU-Gebiet ansässiger Unternehmer) abzuführen.

Praxishinweis:

Der Leistungsempfänger muss für die Überprüfung, ob § 13b (2) Nr. 1 UStG anzuwenden ist, jede Rechnung auf die Anschrift(en) des Leistenden überprüfen. Sind deutsche <u>und</u> ausländische Anschriften enthalten, muss der Leistungsempfänger vom Leistenden eine USt-1-TS-Bescheinigung (Anlage 13) anfordern. Eine in der Rechnung angegebene deutsche **Steuer-Nr oder deutsche USt-IdNr ist <u>nicht</u> ausreichend**, denn diese bestätigt nicht die inländische Ansässigkeit, sondern nur die Registrierung in Deutschland. Hat das zuständige Finanzamt in der USt-1-TS-Bescheinigung lediglich bestätigt, dass der Leistende eine Betriebsstätte im Inland unterhält, muss der Leistende **zusätzlich** noch bestätigen, dass die genannte Betriebsstätte an dem jeweiligen Umsatz beteiligt war. <u>Bis zum Vorliegen dieser Bescheinigung (und der evtl. zusätzlichen Bestätigung des Leistenden) ist der Leistungsempfänger Steuerschuldner nach § 13b UStG.</u>

Als **Anlage 15** ist ein Schaubild beigelegt, dass ein Prüfschema enthält, wenn ein Leistender eine Rechnung übermittelt **mit einer ausländischen und deutschen Anschrift**.

3.3. Lieferungen sicherungsübereigneter Gegenstände

Zu diesem Gliederungspunkt bitte auch die Ausführungen in Gliederungspunkt 1.2.3 lesen.

Unter die Vorschrift des § 13b UStG fallen auch Lieferungen sicherungsübereigneter Gegenstände durch den Sicherungsgeber an den Sicherungsnehmer **außerhalb des Insolvenzverfahrens**, wenn der <u>Sicherungsgeber Unternehmer</u> im ust-rechtlichen Sinne ist <u>und</u> wenn der verwertete Gegenstand zum Rahmen des Unternehmens des Sicherungsgebers gehört (§ 13b (2) Nr. 2 UStG).

Unter die Vorschrift des § 13b (2) Nr. 2 UStG fallen <u>nur Lieferungen einschließlich Werklieferungen</u> (Abgrenzung siehe § 3 (4) UStG und A. 3.8 UStAE) aber keine sonstigen Leistungen und keine Werkleistungen. Die Steuerschuldnerschaft greift nur, wenn die Lieferung bzw. Werklieferung als <u>Hauptleistung</u> anzusehen ist. Die Nebenleistungen teilen jeweils das Schicksal der Hauptleistung (A. 3.10 (5) UStAE).

Der Übergang der Steuerschuld auf den Leistungsempfänger nach § 13b (2) Nr. 2 UStG ist nur anzuwenden, wenn der Sicherungsnehmer (z.B. Bank) ein Unternehmer oder eine juristische Person ist (§ 13b (5) Satz 1 UStG).

Die Steuerschuldnerschaft nach § 13b UStG ist <u>auch anzuwenden</u>, wenn die Leistung für den nichtunternehmerischen Bereich des Leistungsempfängers bezogen wurde (§ 13b (5) Satz 7 UStG). Eine Ausnahme hiervon gibt es nur für bestimmte (im Gesetz genannte) Sonderfälle, wenn der Leistungsempfänger eine juristische Person des öffentlichen Rechts ist (§ 13b (5) Satz 11 UStG).

Der § 13b (2) Nr. 2 UStG ist **nicht anzuwenden, wenn** ein sicherungsübereigneter Gegenstand unter den Voraussetzungen des § 25a UStG (Differenzbesteuerung) geliefert wird (A. 13b.1 (2) Nr. 4 Satz 2 UStAE).

Es kommt in den Fällen des § 13b (2) Nr. 2 UStG aber <u>erst mit Eintritt der Verwertungsreife</u> **und** <u>der Verwertung</u> des Gegenstandes zu Umsätzen (vgl. A. 1.2 UStAE, OFD-Frankfurt vom 29.02.2012 - Az. S7279A-5-St113 und OFD-Frankfurt vom 15.03. 2016 - Az. S7421A-5-St111). Nach der genannten OFD-Verfügung ist folgendes zu beachten:

- Veräußert der Sicherungsnehmer (z.B. Bank) den sicherungsübereigneten Gegenstand im eigenen Namen und auf eigene Rechnung an einen Käufer, findet zwischen dem Sicherungsnehmer (z.B. Bank) und dem Käufer sowie gleichzeitig zwischen dem Sicherungsgeber (z.B. Handwerker) und dem Sicherungsnehmer (z.B. Bank) jeweils eine Lieferung statt (Doppelumsatz). Der Sicherungsnehmer (z.B. Bank) schuldet die USt nach § 13b UStG als Leistungsempfänger für die an ihn erbrachte Lieferung sowie gleichzeitig nach § 13a UStG für die Lieferung, die er an den Käufer ausgeführt hat.

- Zu einem Doppelumsatz kommt es auch, wenn der Sicherungsgeber (z.B. Handwerker) im Namen des Sicherungsnehmers (z.B. Bank) den sicherungsübereigneten Gegenstand veräußert. Das gleiche gilt, wenn die Veräußerung zwar durch den Sicherungsnehmer (z.B. Bank) aber im Auftrag und für Rechnung des Sicherungsgebers (z.B. Handwerkers) erfolgt. In diesen Fällen schuldet der Sicherungsnehmer (z.B. Bank) die USt für die an ihn ausgeführte Lieferung nach § 13b UStG sowie gleichzeitig für die Lieferung an den Käufer nach § 13a UStG.

- Veräußert der Sicherungsgeber (z.B. Handwerker) den sicherungsübereigneten Gegenstand dagegen im eigenen Namen und auf Rechnung des Sicherungsnehmers (z.B. Bank), liegt ein Dreifachumsatz vor. Beim ersten Umsatz wird die ursprüngliche Sicherungsübereignung zu einer Lieferung des Sicherungsgebers (z.B. Handwerkers) an den Sicherungsnehmer (z.B. Bank). Für diese Lieferung schuldet der Sicherungsnehmer (z.B. Bank) die USt nach

§ 13b UStG. Gleichzeitig liegt zwischen dem Sicherungsnehmer (z.B. Bank) und dem Sicherungsgeber (z.B. Handwerker) eine Lieferung im Rahmen eines Kommissionsgeschäftes nach § 3 (3) UStG vor. Dieses Kommissionsgeschäft löst zwei weitere Lieferungen aus (zweiter und dritter Umsatz), die des Sicherungsnehmers (z.B. Bank) an den Sicherungsgeber (z.B. Handwerker) sowie eine Lieferung des Sicherungsgebers (z.B. Handwerkers) an den Käufer. Für den zweiten Umsatz schuldet der Sicherungsnehmer (z.B. Bank) die USt nach § 13a UStG und für den dritten Umsatz schuldet die USt der Sicherungsgeber (z.B. Handwerker) nach § 13a UStG.

Zur Verwertung im Insolvenzverfahren vgl. A. 1.2 (4) UStAE. Auf diese Besonderheit soll hier nicht weiter eingegangen werden.

Wird im Rahmen einer Zwangsvollstreckung eine Sache durch den Gerichtsvollzieher oder ein anderes staatliches Vollstreckungsorgan öffentlich versteigert oder freihändig verkauft, handelt es sich um keinen Fall des § 13b (2) Nr. 2 UStG, sondern um eine „normale" Lieferung des Vollstreckungsschuldners unmittelbar an den Erwerber (A. 1.2 (2) UStAE).

Beispiel 5:
Für den regelbesteuerten Unternehmer U in München finanziert eine Bank in Frankfurt die Anschaffung eines betrieblichen Pkw. Bis zur Rückzahlung des Darlehens lässt sich die Bank den Pkw sicherungsübereignen. Da U seinen Zahlungsverpflichtungen nicht nachkommt, verwertet die Bank den Pkw, in dem sie ihn im eigenen Namen und auf eigene Rechnung an den Abnehmer A in Nürnberg veräußert.

Lösung:
Mit der Veräußerung des Pkw durch die Bank liegen umsatzsteuerlich zwei Lieferungen vor, eine Lieferung des U (Sicherungsgeber) an die Bank (Sicherungsnehmer) sowie eine Lieferung der Bank an den A. Die Bank als Leistungsempfängerin ist nach § 13b UStG verpflichtet, die Umsatzsteuer für die steuerpflichtige Lieferung des U (Sicherungsgeber) einzubehalten und an das für sie zustän-

dige Finanzamt abzuführen. Für die Lieferung der Bank an den A ist die Bank auch Steuerschuldner, hier aber nicht nach § 13b UStG, sondern nach § 13a UStG.

3.3.1. Differenzbesteuerungsfälle beim § 13b (2) Nr. 2 UStG

Sowohl der Sicherungsgeber, als auch der Sicherungsnehmer können unter den Voraussetzungen des § 25a (1) UStG die Differenzbesteuerung anwenden (OFD-Frankfurt, Verfügung vom 15.03.2016 (Az. S 7421 A-5-St 111).

Der unternehmerische Sicherungsgeber (z.B. Handwerker) kann die Differenzbesteuerung für die Lieferung an den Sicherungsnehmer (z.B. Kreditinstitut) anwenden, wenn er den zur Sicherung übereigneten Gegenstand von einer Privatperson, einem Kleinunternehmer, oder differenzbesteuert erworben hat. Für diese Lieferung bemisst sich die USt nach dem vom Sicherungsnehmer (z.B. Kreditinstitut) erzielten Veräußerungspreis abzüglich des Einkaufspreises des Sicherungsgebers (z.B. Anschaffungspreis des Handwerkers). Verwertungskosten, die durch die Verwertung anfallen, sind bei der Bemessungsgrundlage nicht zu berücksichtigen.

Die USt ist aus dem ermittelten Differenzbetrag mit dem Regelsteuersatz herauszurechnen.

Der Sicherungsnehmer (z.B. Kreditinstitut) schuldet für einen bis zum 30.09.2014 ausgeführten differenzbesteuerten Umsatz die Steuer nach § 13b (2) Nr. 2 UStG, für einen nach dem 30.09. 2014 erbrachten differenzbesteuerten Umsatz schuldet der Sicherungsgeber (z.B. Handwerker) die Steuer nach § 13a UStG (vgl. den ab dem 01.10.2014 eingefügten § 13b (5) Satz 10 UStG).

Der Sicherungsnehmer (z.B. Kreditinstitut) ist seinerseits berechtigt, auf den Weiterverkauf des Gegenstandes die Differenzbesteuerung anzuwenden. Die Bemessungsgrundlage für diesen Umsatz beträgt jedoch 0 EUR, weil der Verkaufspreis an den Erwerber (Dritter) und der hiervon abzuziehende Einkaufspreis (= Verkaufspreis der Lieferung von dem Sicherungsgeber an den

Sicherungsnehmer) betragsmäßig identisch ist.

Wird die Differenzbesteuerung angewendet, hat die Rechnung die Angabe „Gebrauchtgegenstände/Sonderregelung" zu enthalten. Die USt darf in der Rechnung nicht gesondert ausgewiesen werden. Wird bei einem differenzbesteuerten Umsatz USt ausgewiesen, wird der ausgewiesene Steuerbetrag <u>zusätzlich</u> nach § 14c (2) UStG geschuldet (vgl. A. 25a.1 (16) Satz 2 und 3 UStAE). Eine Berichtigung der Rechnung ist nur nach dem in § 14c (2) UStG vorgeschriebenen Verfahren möglich, d.h. es muss ein Berichtigungsantrag an das Finanzamt gestellt werden. Der Sicherungsnehmer (z.B. Kreditinstitut) ist <u>nicht</u> berechtigt, eine vom Sicherungsgeber (z.B. Handwerker) nach § 14 c (2) UStG geschuldete USt als Vorsteuer abzuziehen (A. 15.2 (1) Satz 2 UStAE).

Hinsichtlich der Verwertungskosten des Sicherungsnehmers (z.B. Kreditinstitut) ist ein Vorsteuerabzug unter den weiteren Voraussetzungen des § 15 UStG grundsätzlich möglich.

Es ist Sache der Vertragsparteien, Vereinbarungen über die zutreffende Anwendung der Differenzbesteuerung möglichst bereits im Zeitpunkt der Sicherungsübereignung zu treffen (vgl. o.g. Verfügung der OFD-Frankfurt).

3.4. Umsätze, die unter das Grunderwerbsteuergesetz fallen

Zu diesem Gliederungspunkt bitte auch die Ausführungen in Gliederungspunkt 1.2.3 lesen.

Für Umsätze, die unter das Grunderwerbsteuergesetz fallen, greift die Vorschrift des § 13b (2) Nr. 3 UStG. Zu den Umsätzen, die unter das Grunderwerbsteuergesetz fallen, gehören insbesondere:

- die Umsätze aus der Veräußerung von unbebauten und bebauten Grundstücken,

- die Bestellung und Übertragung von Erbbaurechten,

- die Übertragung von Miteigentumsanteilen an einem Grundstück,

- die Lieferung von errichteten Gebäuden auf fremdem Boden nach Ablauf der Miet-/Pachtzeit.

Grundsätzlich sind Umsätze, die unter das Grunderwerbsteuergesetz fallen, nach § 4 Nr. 9a UStG <u>umsatzsteuerfrei</u>. Allerdings besteht die Möglichkeit, dass der Leistende auf die Steuerbefreiung verzichtet (Option zur Umsatzsteuerpflicht nach § 9 UStG), wenn der Leistungsempfänger Unternehmer ist und der Umsatz in den unternehmerischen Bereich des Leistungsempfängers fließt. Der Verzicht auf die Steuerbefreiung ist <u>im **(ersten)** notariell zu beurkundenden Vertrag</u> zu erklären (§ 9 (3) UStG) Eine nachträgliche Option in einer Vertragsergänzung ist laut BFH unzulässig. Im Vertrag ist zusätzlich zu vermerken, dass die Steuerschuldnerschaft auf den Leistungsempfänger übergeht. Dieser Vertrag ersetzt eine Rechnung des Leistenden, wenn alle Angaben einer ordnungsgemäßen Rechnung enthalten sind.

Der Übergang der Steuerschuld auf den Leistungsempfänger nach § 13b (2) Nr. 3 UStG ist nur anzuwenden, wenn nach § 9 UStG optiert wurde <u>und</u> der Leistungsempfänger ein Unternehmer oder eine juristische Person ist (§ 13b (5) Satz 1 UStG).

Die Steuerschuldnerschaft nach § 13b UStG ist <u>auch anzuwenden</u>, wenn die Leistung für den nichtunternehmerischen Bereich des Leistungsempfängers bezogen wurde (§ 13b (5) Satz 7 UStG). Eine Ausnahme hiervon gibt es nur für bestimmte (im Gesetz genannte) Sonderfälle, wenn der Leistungsempfänger eine juristische Person des öffentlichen Rechts ist (§ 13b (5) Satz 11 UStG).

Beispiel 6:
Der Vermieter V veräußert ein Mietshaus in Erlangen an den bisher ausschließlich als Arbeitnehmer tätigen K (Nürnberg). Der V hat in dem notariellen Kaufvertrag ordnungsgemäß nach § 9 UStG optiert.

Lösung:
Es handelt sich um eine Lieferung, deren Ort sich nach § 3 (7) UStG bestimmt und in Erlangen liegt. Der Umsatz ist

in Deutschland steuerbar und grundsätzlich nach § 4 Nr. 9a UStG befreit. Der Veräußerer V hat zulässigerweise auf die Steuerbefreiung verzichtet, da K mit dem Erwerb des Mietshauses zum ust-rechtlichen Unternehmer wird (gem. § 2 UStG) und das veräußerte Objekt auch dem Unternehmen des K dient (Vermietung). Der Erwerber K als Leistungsempfänger ist nach § 13b (2) Nr. 3 iVm (5) UStG verpflichtet, die USt für den steuerpflichtigen Umsatz des V abzuführen.

3.5. Bauleistungen (§ 13b (2) Nr. 4 UStG)

Zu diesem Gliederungspunkt bitte auch die Ausführungen in Gliederungspunkt 1.2.3 lesen.

Die Steuerschuldnerschaft des Leistungsempfängers nach § 13b UStG ist auch bei bestimmten Bauleistungen anzuwenden (§ 13b (2) Nr. 4 UStG).

Werden Bauleistungen von einem im Inland ansässigen Unternehmer mit Umsatzort im Inland erbracht, ist der Leistungsempfänger aber **nur dann** Steuerschuldner, wenn er Unternehmer ist und selbst nachhaltig Bauleistungen erbringt. Zur nachhaltigen Erbringung siehe unten in diesem Gliederungspunkt.

Vereinfacht kann man sagen, dass der Leistungsempfänger in seinen USt-Erklärungen eine Steuerschuldnerschaft nach § 13b (2) Nr. 4 UStG zu erklären hat, **wenn** der Leistende im konkreten Fall eine Bauleistung erbracht hat **und** der Leistungsempfänger nachhaltig Bauleistungen erbringt (die nicht mit der bezogenen Bauleistung identisch sein müssen).

Der Begriff der Bauleistungen ist weit auszulegen und umfasst nicht nur Leistungen an Gebäuden, sondern darüber hinaus sämtliche Leistungen an Gegenständen, die irgendwie mit dem Erdboden verbunden **oder** die infolge ihrer eigenen Schwere auf ihm ruhen und aus Baustoffen oder Bauteilen hergestellt sind (vgl. im Einzelnen A. 13b.2 (5) UStAE). Auch **Arbeiten an Maschinen** können Bauleistungen darstellen (vgl. A. 13b.2 (5) Nr. 2 UStAE) und auch **IT-Unternehmer** können mit Netzwerkinstallationen Bauleistungen erbringen (OFD-Hannover vom 07.03.2007 Az. S7279-4-StO183 und OFD-Niedersachsen vom 05.10.2016, Az. S7279-4-St 185). **Eine ausführliche Liste ist als Anlage 1 beigefügt.**

Der Begriff „Grundstück" umfasst auch Ausstattungsgegenstände oder Maschinen, die auf Dauer in einem Gebäude oder einem Bauwerk installiert sind, und die nicht bewegt werden können, ohne das Gebäude oder das Bauwerk zu zerstören oder zu verändern.

Der Begriff der Bauleistung ist dabei nicht nur auf Leistungen im Zusammenhang mit einem Grundstück beschränkt, d.h. es muss nicht zwingend ein Zusammenhang mit einem Grundstück gegeben sein. Auch bei Lieferungen von bzw. Leistungen an Betriebsvorrichtungen kann es sich um Bauleistungen im Zusammenhang mit einem Grundstück handeln. Danach gelten z.B. Betriebsvorrichtungen nur dann nicht als Grundstück, wenn sie nicht auf Dauer installiert sind oder bewegt werden können, ohne das Gebäude oder das Bauwerk zu zerstören oder zu verändern.

Folglich muss bei Werklieferungen und sonstigen Leistungen im Zusammenhang mit Sachen, Ausstattungsgegenständen und Maschinen **unterschieden werden**, ob diese ohne erhebliche Veränderung des Bauwerks bewegt werden können oder nicht:

- Können die Sachen, Ausstattungsgegenstände und Maschinen ohne erhebliche Veränderung des Bauwerks bewegt werden (z.B. weil sie einfach an der Wand hängen bzw. mit Nägeln/Schrauben so am Boden oder an der Wand befestigt sind, dass nach ihrer Entfernung lediglich Spuren oder Markierungen zurück bleiben, die leicht überdeckt oder ausgebessert werden können), handelt es sich bei den Sachen, Ausstattungsgegenständen und Maschinen um kein Bauwerk (A. 13b.2 (5) Nr. 2 letzter Satz iVm A. 3a (2) Satz 3 vierter Spiegelstrich UStAE). Für Werklieferungen und sonstige Leistungen von/an diesen Gegenständen greift damit die Steuerschuldnerschaft des Leistungsempfängers nach § 13b (2) Nr. 4 UStG (Bauleistungen) hier nicht.

- Können die Sachen, Ausstattungsgegenstände und Maschinen nur mit erheblicher Veränderung des Bauwerks bewegt werden, ist für Werklieferungen und sonstige Leistungen von/an diesen Gegenständen die Steuerschuldnerschaft des Leistungsempfängers nach § 13b (2) Nr. 4 UStG (Bauleistungen) anzuwenden. Natürlich müssen in diesem Fall die weiteren Voraussetzungen des § 13b (2) Nr. 4 UStG erfüllt sind.

Beispiel 7:

Der selbständige Installateur A (Nürnberg) wird vom Unternehmer B (Erlangen) beauftragt, in einem Gebäude (Fürth) die komplette Sanitärinstallation (in Wand/Boden einzementierte Leitungen sowie WC-Becken, Badewanne und Waschbecken) einzubauen. Das Material beschafft A, der B hat eine gültige USt-1-TG-Bauleistungsbescheinigung (zur Bedeutung dieser Bescheinigung siehe unten).

Lösung:

Es handelt sich um eine Werklieferung (§ 3 (4) UStG) mit Ort nach § 3 (7) UStG in Fürth. Der Umsatz ist steuerbar und steuerpflichtig. Steuerschuldner ist B (§ 13b (2) Nr. 4 iVm (5) UStG), da es sich um eine Bauleistung handelt (Installation kann nicht ohne erhebliche Veränderung des Bauwerks bewegt werden), die an einen Bauleister erbracht wird. Folglich erstellt A eine Rechnung ohne USt mit Hinweis auf die Steuerschuldnerschaft des Leistungsempfängers.

Beispiel 8:

Wie Beispiel 7, aber es soll lediglich ein seit Jahren vorhandenes (verschraubtes) Waschbecken ersetzt werden.

Lösung:

Wie beim Beispiel 7, aber keine Anwendung des § 13b (2) Nr. 4 UStG, weil das Waschbecken ohne erhebliche Veränderung des Bauwerks ausgetauscht werden kann (lediglich mit Schrauben und Dübeln an der Wand hängend). Folglich ist der A Steuerschuldner (§ 13a (1) Nr. 1 UStG), also Rechnung mit USt ohne Hinweis auf die Steuerschuldnerschaft des Leistungsempfängers.

Bestimmte Leistungen werden von der Anwendung des § 13b (2) Nr. 4 UStG ausgenommen (vgl. im Einzelnen A. 13b.2 (6) und (7) UStAE). Insbesondere fallen Planungs- und Überwachungsleistungen nicht darunter. Reparatur- und Wartungsarbeiten an Bauwerken oder Teilen von Bauwerken fallen auch nicht unter diese Regelung, wenn das Nettoentgelt für den einzelnen Umsatz nicht mehr als 500 € beträgt.

Erbringt ein Unternehmer eine Leistung, die keine Bauleistung in diesem Sinne ist, bezeichnet er sie aber in der Rechnung als Bauleistung, ist der Leistungsempfänger für diesen Umsatz nicht Steuerschuldner nach § 13b UStG, die Steuerschuldnerschaft verbleibt beim leistenden Unternehmer nach § 13a UStG (vgl. A. 13b.3 (13) UStAE).

Erbringen **im Ausland ansässige Unternehmer** Bauleistungen iSd § 13b (2) Nr. 4 UStG hat der § 13b (2) Nr. 1 UStG <u>Vorrang</u> ! (vgl. § 13b (2) Nr. 4 Satz 3 UStG). Damit werden <u>alle</u> unternehmerischen Leistungsempfänger und juristischen Personen des öffentlichen Rechts Steuerschuldner bei sämtlichen Werklieferungen und sonstigen Leistungen von leistenden ausländischen Unternehmern.

Beispiel 9:
Für den Spielzeuggroßhändler U (Nürnberg) errichtet der Bauunternehmer F (Paris, Frankreich) eine Lagerhalle in Erlangen.

Lösung:
Es handelt sich um eine Werklieferung (§ 3 (4) UStG), deren Ort sich nach § 3 (7) UStG bestimmt und in Erlangen liegt. Der Umsatz ist in Deutschland steuerbar und nicht befreit. Der Unternehmer U als Leistungsempfänger ist nach § 13b (2) Nr. 1 iVm (5) UStG verpflichtet, die Umsatzsteuer für die steuerpflichtige Leistung des F (ausländischer Unternehmer) abzuführen (§ 13b (2) Nr. 1 UStG hat Vorrang vor § 13b (2) Nr. 4 UStG).

Die ust-rechtliche Regelung zur Steuerschuldnerschaft nach § 13b UStG <u>ersetzt **nicht** die einkommensteuerliche Bauabzugssteuer</u>, sondern tritt neben diese Steuer. Anders als bei der einkommensteuerlichen Bauabzugssteuer gibt es ust-rechtlich kein Freistellungsverfahren.

Im folgenden Text wird nur auf die <u>ab dem 01.10.2014</u> anzuwendende Regelung des § 13b (2) Nr. 4 UStG eingegangen.

Erbringt ein in Deutschland ansässiger Unternehmer eine Bauleistung und befindet sich der Ort dieser Leistung nach den UStG-Ortsvorschriften im Inland, ist der Leistungsempfänger Steuerschuldner **unabhängig** davon, ob der Leistungsempfänger die bezogene Leistung (Eingangsleistung) wiederum für eine Bau-Ausgangsleistung verwendet, wenn der Leistungsempfänger ein Unternehmer ist, der nachhaltig entsprechende Leistungen erbringt (§ 13b (5) Satz 2 UStG).

<u>Von der nachhaltigen Erbringung von Bauleistungen ist auszugehen, wenn dem **Leistungsempfänger** eine im Zeitpunkt der Ausführung des Umsatzes gültige USt-1-TG-Bescheinigung (Anlage 10) darüber erteilt wurde, dass er ein Unternehmer ist, der derartige Leistungen erbringt.</u> Das Finanzamt erteilt dem Leistungsempfänger die USt-1-TG-Bauleistungsbescheinigung, wenn er mindestens 10 % seines Weltumsatzes (Summe seiner im Inland steuerbaren und nicht steuerbaren Umsätze) als Bauleistungen erbringt (A. 13b.3 (2) UStAE).

Erbringt in einer Organschaft nur ein Teil des Organkreises (z.B. der Organträger oder eine Organgesellschaft) nachhaltig Bauleistungen, ist der Organträger nur für die Bauleistungen Steuerschuldner, die <u>an **diesen** Teil des Organkreises</u> erbracht werden. Bei der Berechnung der 10 %-Grenze sind nur die Bemessungsgrundlagen der Umsätze zu berücksichtigen, die <u>dieser Teil</u> des Organkreises erbracht hat (A. 13b.3 (7) UStAE).

Bauträger, die ausschließlich eigene Grundstücke zum Zwecke des Verkaufs bebauen, führen eine bloße Grundstücks-/Gebäudelieferung mit der Folge aus, dass die Bauträger für an sie erbrachte Bauleistungen grundsätzlich nicht Steuerschuldner nach § 13b (2) Nr. 4 UStG sind. Dies gilt auch dann, wenn die entsprechenden Kaufverträge mit den Kunden bereits zu einem Zeitpunkt geschlossen werden, in dem der Kunde noch Einfluss auf die Bauausführung und Baugestaltung nehmen kann (A.13b.3

(8) UStAE).

Bei Bauträgern, die sowohl Grundstücks-/Gebäudeverkäufe, als auch als Generalunternehmer Bauleistungen im Sinne von § 13b (2) Nr. 4 UStG erbringen, sind die allgemeinen o.g. Grundsätze anzuwenden, d.h. für die als Generalunternehmer erbrachten Bauleistungen greift § 13b (2) Nr. 4 iVm (5) UStG, wenn die „10 %-Grenze" erfüllt ist.

Das für den Leistungsempfänger zuständige Finanzamt hat die USt-1-TG-Bauleistungsbescheinigung auf Antrag auszustellen, wenn die hierfür erforderlichen Voraussetzungen gegeben sind. Die Bescheinigung kann auch von Amts wegen erteilt werden, wenn das zuständige Finanzamt feststellt, dass die erforderlichen Voraussetzungen erfüllt sind (A. 13b.3 (3) Satz 1 UStAE). Leistungsempfänger sollten in jedem Fall rechtzeitig klären, ob sie die Voraussetzungen für die Erteilung der USt-1-TG-Bauleistungsbescheinigung erfüllen, und wenn das vorliegt, schnellstens die Ausstellung beantragen. Ansonsten besteht die Gefahr, dass die Finanzverwaltung von Amts wegen (rückwirkend) die Bescheinigung ausstellt. Der Leistungsempfänger wäre dann in einem solchen Fall Steuerschuldner nach § 13b UStG (auch wenn er die Bescheinigung gegenüber dem leistenden Unternehmer nicht verwendete, weil er diese nicht beantragte). Da der Leistende in so einem Fall USt berechnet hat, ist die Rechnung falsch (§ 14c-Fall) und dem Leistungsempfänger wird der Vorsteuerabzug aus der Rechnung gestrichen (vgl. A. 15.2 (1) Satz 2 UStAE).

Die USt-1-TG-Bauleistungsbescheinigung kann nur für die Zukunft zurückgenommen oder widerrufen werden. Der leistende Unternehmer ist in einem solchen Fall wieder Steuerschuldner. Hat dieser vom Widerruf aber keine Kenntnis und hat er keine Kenntnis haben können, wird es nicht beanstandet, wenn weiterhin unter Anwendung des § 13b UStG abgerechnet wird. Allerdings genießt der leistende Unternehmer nur dann Vertrauensschutz, wenn der Leistungsempfänger die Besteuerung in zutreffender Höhe vorgenommen hat (A. 13b.3 (5) Satz 3 UStAE). Da für den leistenden Unternehmer die Gefahr besteht, dass der Leistungsempfänger die Besteuerung nicht ordnungsgemäß vornimmt, sollte der leistende Unternehmer bei jedem Umsatz auf der Vorlage einer gültigen USt-1-TG-Bauleistungsbescheinigung (Anlage 10) des Leistungsempfängers bestehen. Denn in Zweifelsfällen wird der leistende Unternehmer nachzuweisen haben, dass er keine Kenntnis vom Widerruf der Bescheinigung hatte und auch keine Kenntnis haben konnte.

Hat das Finanzamt dem Leistungsempfänger eine USt-1-TG-Bauleistungsbescheinigung ausgestellt, ist er auch dann als Leistungsempfänger Steuerschuldner, wenn er diesen Nachweis gegenüber dem leistenden Unternehmer nicht verwendet (A. 13b.3 (5) Satz 1 UStAE). Das hat dann für den Leistungsempfänger erhebliche Folgen. Da der Leistende in so einem Fall USt berechnet hat, ist die Rechnung falsch (§ 14c-Fall) und dem Leistungsempfänger wird der Vorsteuerabzug aus der Rechnung gestrichen (vgl. A. 15.2 (1) Satz 2 UStAE).

Im Zusammenhang mit der USt-1-TG-Bauleistungsbescheinigung ist folgendes zu beachten (vgl. Information des Bayerischen Landesamtes für Steuern vom 26.11.2014):

- Der Leistungsempfänger einer Bauleistung übergibt dem Leistenden seine (gültige) USt-1-TG-Bauleistungsbescheinigung. Diese dient dem Leistenden als Sicherheit und bedeutet, dass der Leistende die Bauleistung netto (ohne ausgewiesene USt) abzurechnen hat. <u>**Nicht** erforderlich ist, dass **dem Leistenden** eine USt-1-TG-Bauleistungsbescheinigung erteilt wurde</u>. Bei der einkommensteuerlichen „§ 48b EStG Freistellungsbescheinigung" ist der Weg umgekehrt. Der Leistende übergibt diese dem Leistungsempfänger, der dann die Bauabzugssteuer nicht einbehält, sondern das volle Entgelt an den Leistenden zahlt.

- Wurde dem Leistungsempfänger eine USt-1-TG-Bauleistungsbescheinigung ausgestellt, erbringt er aber nicht nachhaltig Bauleistungen, ist der Leistungsempfänger dennoch Steuerschuldner nach § 13b (2) Nr. 4 UStG.

- Wenn der Leistungsempfänger über keine USt-1-TG-Bauleistungsbescheinigung verfügt (z.B. weil er diese nicht beantragt hat), aber nachhaltig Bauleistungen erbringt,

---

© Ihr-Ziel.de Pede

geht die Steuerschuld nach § 13b (2) Nr. 4 UStG auch ohne Vorhandensein einer USt-1-TG-Bauleistungsbescheinigung auf den Leistungsempfänger über.

- Die Finanzverwaltung erteilt keine USt-1-TG-Negativbauleistungsbescheinigungen. Sollten die Voraussetzungen für die Erteilung einer USt-1-TG-Bauleistungsbescheinigung nicht vorliegen, erfolgt eine schriftliche Ablehnung des Antrages. Diese Ablehnung ist aber nur eine Momentaufnahme und hat keine rechtliche Bindung für die Zukunft.

Vor dem 01.10.2014 wurde statt der USt-1-TG-Bauleistungsbescheinigung die „Freistellungsbescheinigung nach § 48b EStG" auch als ust-rechtlicher Nachweis verwendet. Ab dem 01.10. 2014 gilt die „Freistellungsbescheinigung nach § 48b EStG" nur noch für ertragsteuerrechtliche Zwecke und hat für umsatzsteuerrechtliche Zwecke keine Bedeutung mehr.

Beispiel 10:
Bauunternehmer U (Fürth) errichtet eine Lagerhalle in Erlangen für den selbständigen Heizungsbauer E (Nürnberg). E verwendet gegenüber U eine im Leistungszeitpunkt gültige USt-1-TG-Bauleistungsbescheinigung.

Lösung:
Es handelt sich um eine Werklieferung (§ 3 (4) UStG), deren Ort sich nach § 3 (7) UStG bestimmt und in Erlangen liegt. Der Umsatz ist in Deutschland steuerbar und nicht befreit. Der Heizungsbauer E als Leistungsempfänger ist nach § 13b (2) Nr. 4 iVm (5) UStG verpflichtet, die Umsatzsteuer für die steuerpflichtige Bauleistung des U abzuführen.

Bestehen Zweifel, ob § 13b (2) Nr. 4 UStG Anwendung findet, wird auf den Gliederungspunkt 5 verwiesen.

Die Steuerschuldnerschaft nach § 13b UStG ist für Bauleistungen ab dem 01.10.2014 auch (wieder) anzuwenden, wenn die Leistung für den nichtunternehmerischen Bereich des Leistungsempfängers bezogen wurde (§ 13b (5) Satz 7 UStG). Eine Ausnahme hiervon gibt es nur für bestimmte (im Gesetz genannte) Sonderfälle, wenn der Leistungsempfänger eine juristische Person des öffentlichen Rechts ist (§ 13b (5) Satz 11 UStG).

Die Steuerschuldnerschaft des Leistungsempfängers nach § 13b (2) Nr. 4 UStG ist von Personengesellschaften (z.B. KG, GbR) und Kapitalgesellschaften (AG, GmbH) nicht anzuwenden, **wenn** ein Unternehmer eine Bauleistung für den privaten Bereich eines (Mit-)Gesellschafters oder Anteilseigners erbringt, da es sich hierbei um unterschiedliche Personen handelt (A. 13b.3 (11) UStAE).

3.6. bestimmte Lieferungen von Gas, Elektrizität, Kälte und Wärme (§ 13b (2) Nr. 5 UStG)

Zu diesem Gliederungspunkt bitte auch die Ausführungen in Gliederungspunkt 1.2.3 lesen.

Nach § 13b (2) Nr. 5 UStG greift die Steuerschuldnerschaft des Leistungsempfängers

- nach § 13b (2) Nr. 5a UStG
  für Lieferungen der in § 3g (1) Satz 1 UStG genannten Gegenstände (Gas über das Erdgasnetz, von Elektrizität, und von Wärme oder Kälte über Wärme- oder Kältenetze) eines im Ausland ansässigen Unternehmers unter den Bedingungen des § 3g UStG

und

- nach § 13b (2) Nr. 5b UStG
  für Lieferungen von Gas über das Erdgasnetz und von Elektrizität, die nicht unter § 13b (2) Nr. 5a UStG fallen.

Für die Bestimmung des Umsatzortes nach § 3g UStG wird der Begriff „**Wiederverkäufer**" benötigt.

Wiederverkäufer im Sinne der Vorschrift ist ein Unternehmer, dessen Haupttätigkeit in Bezug auf den Erwerb von Elektrizität, oder Gas im Wiederverkauf dieser Gegenstände besteht und dessen eigener Verbrauch dieser Gegenstände zu vernachlässigen ist (A. 3g.1 UStAE). Die Haupttätigkeit des Unternehmers in Bezug auf den Erwerb von Elektrizität oder Gas über Netze besteht im Wiederverkauf dieser Gegenstände, wenn der Unternehmer mehr als die Hälfte der von ihm erworbenen Menge weiterveräußert. Maßgebend sind die jeweiligen Bereiche. Veräußert ein Unternehmer z.B. nur im Bereich „Elektrizität" mehr als die Hälfte der von ihm erworbenen Menge weiter, erfüllt er aber diese Voraussetzungen für den Bereich „Gas" nicht, ist er nur in Bezug auf die Elektrizitätslieferungen ein Wiederverkäufer in diesem Sinne. Zu vernachlässigen bzw. von untergeordneter Bedeutung ist der eigene Verbrauch. Als untergeordnet ist die Verwendung von nicht mehr als 5 % der erworbenen Menge zu eigenen (unternehmerischen sowie nichtunternehmerischen) Zwecken. Maßgebend ist zwar die Verwendung für das ganze Unternehmen, die unterschiedlichen Bereiche (Elektrizität, Gas, Wasser, Kälte, Wärme) sind dabei jedoch getrennt zu beurteilen. Unberücksichtigt bleiben unabhängig von der Verwendung die im Unternehmen selbst erzeugte Mengen und Netzverluste.

Maßgeblich für die Beurteilung, ob der Abnehmer ein Wiederverkäufer ist, sind die Verhältnisse in dem der Lieferung vorangegangenen Kalenderjahr (A. 3g.1 (3) UStAE). Verwendet der Unternehmer zwar mehr als 5 %, jedoch nicht mehr als 10 % der erworbenen Menge zu eigenen Zwecken, ist weiterhin von einer untergeordneten Bedeutung auszugehen, wenn die im Mittel der vorangegangenen drei Jahre zu eigenen Zwecken verbrauchte Menge 5 % der in diesem Zeitraum erworbenen Menge nicht überschritten hat.

Weiteren Besonderheiten zum Begriff „Wiederverkäufer" siehe A. 3g.1 (2) und (3) UStAE.

Nach § 3g UStG ist die Lieferung der genannten Gegenstände eine ruhende Lieferung. Die Beurteilung als ruhende Lieferung hat zur Folge, dass weder eine Ausfuhrlieferung (§ 6 UStG) noch eine igLieferung (§ 6a UStG) vorliegen kann. Auch ist die Ortsvorschrift des § 3 (8) UStG nicht anwendbar (A. 3g.1 (6) Satz 5 UStAE). In den Fällen des 3g UStG liegt auch kein igVerbringen vor (§ 3g (3) UStG, A. 3g.1 (6) UStAE).

Ist der Abnehmer der genannten Gegenstände **ein Wiederver-**

käufer, ist Lieferort nach § 3g (1) UStG der Ort, wo der Abnehmer sein Unternehmen betreibt (Empfängerortsprinzip). Bei Lieferungen an eine Betriebsstätte ist deren Ort maßgebend.

Ist der Abnehmer der genannten Gegenstände **kein Wiederverkäufer**, ist Lieferort nach § 3g (2) UStG der Ort, an dem der Abnehmer die Gegenstände tatsächlich nutzt oder verbraucht. Soweit die Gegenstände von diesem Abnehmer nicht tatsächlich genutzt oder verbraucht werden, gelten sie als an dem Ort genutzt oder verbraucht, an dem der Abnehmer seinen Sitz, eine Betriebsstätte, an die die Gegenstände geliefert werden, oder seinen Wohnsitz hat.

3.6.1. Lieferungen nach § 13b (2) Nr. 5a UStG

Nach § 13b (2) Nr. 5a UStG schulden unternehmerische Leistungsempfänger die USt für die Lieferungen von Gas über das Erdgasnetz, von Elektrizität, und von Wärme oder Kälte über Wärme- oder Kältenetze <u>durch im Ausland ansässige Unternehmer</u>, wenn ein Fall des § 3g UStG vorliegt und der Ort der Lieferung im Inland liegt. Lieferungen von Gas in Gasbehältern oder mittels Tanklastwagen oder Gastankern werden nicht erfasst (A. 3g.1 (1) Satz 2 UStAE).

Die Steuerschuldnerschaft des Leistungsempfängers nach § 13b (2) Nr. 5a UStG „greift" nur, wenn der Leistungsempfänger (Abnehmer) Unternehmer ist (§ 13b (5) Satz 1 zweiter Halbsatz UStG).

Die Steuerschuldnerschaft nach § 13b UStG ist <u>auch anzuwenden</u>, wenn die Leistung für den nichtunternehmerischen Bereich des Leistungsempfängers bezogen wurde (§ 13b (5) Satz 7 UStG). Eine Ausnahme hiervon gibt es nur für bestimmte (im Gesetz genannte) Sonderfälle, wenn der Leistungsempfänger eine juristische Person des öffentlichen Rechts ist (§ 13b (5) Satz 11 UStG).

Beispiel 11:
Der Unternehmer L (Paris) liefert an den Unternehmer K (Nürnberg) Elektrizität für 100.000 € über das Elektrizi-

tätsnetz. Der K ist Wiederverkäufer.

Lösung:

Es handelt sich um eine Lieferung (§ 3 (1) UStG) mit Ort der Lieferung in Nürnberg (§ 3g (1) UStG). Der Umsatz ist steuerbar (§ 1 (1) Nr. 1 UStG) und nicht befreit (§ 4 ff. UStG). Der Steuersatz ist 19 % (§ 12 (1) UStG). Die Bemessungsgrundlage beträgt 100.000 € (§ 10 (1) UStG), die USt somit 19.000 €. Steuerschuldner ist K (§ 13b (2) Nr. 5a iVm § 13b (5) Satz 1 zweiter Halbsatz UStG).

Beispiel 12:

Der Unternehmer L (Paris) liefert an den Unternehmer K (Nürnberg) im Elektrizität für 100.000 € über das Elektrizitätsnetz. Der K ist Verbraucher der Elektrizität, der Verbrauch erfolgt im Lager des K in Fürth.

Lösung:

Es handelt sich um eine Lieferung (§ 3 (1) UStG) mit Ort der Lieferung in Fürth (§ 3g (2) UStG, A. 3g.1 (5) UStAE). Der Umsatz ist steuerbar (§ 1 (1) Nr. 1 UStG) und nicht befreit (§ 4 ff. UStG). Der Steuersatz ist 19 % (§ 12 (1) UStG). Die Bemessungsgrundlage beträgt 100.000 € (§ 10 (1) UStG), die USt somit 19.000 €. Steuerschuldner ist K (§ 13b (2) Nr. 5a iVm § 13b (5) Satz 1 zweiter Halbsatz UStG).

Als **Anlage 15** ist ein Schaubild beigelegt, dass ein Prüfschema enthält, wenn ein Leistender eine Rechnung übermittelt **mit einer ausländischen und deutschen Anschrift**.

3.6.2. Lieferungen nach § 13b (2) Nr. 5b UStG

Bei Lieferungen von Gas über das Erdgasnetz durch einen im Inland ansässigen Unternehmer ist der Leistungsempfänger Steuerschuldner nach § 13b (2) Nr. 5b iVm § 13b (5) UStG, wenn er Unternehmer ist, der selbst Gas über das Erdgasnetz liefert. Als Unternehmer, die selbst Gas über das Erdgasnetz liefern, sind die Unternehmer anzusehen, die Wiederverkäufer von Gas sind (zum Begriff „Wiederverkäufer" siehe unter Gliederungspunkt

3.6).

Bei Lieferungen von Elektrizität durch einen im Inland ansässigen Unternehmer ist der Leistungsempfänger Steuerschuldner nach § 13b (2) Nr. 5b iVm § 13b (5) UStG, wenn er und der liefernde Unternehmer Wiederverkäufer von Elektrizität sind (zum Begriff „Wiederverkäufer" siehe unter Gliederungspunkt 3.6).

Betreiber von dezentralen Stromgewinnungsanlagen (z.B. Photovoltaik- bzw. Windkraftanlagen, Biogas-Blockheizkraftwerke) sind **keine** Wiederverkäufer von Elektrizität in diesem Sinne, wenn sie ausschließlich selbst erzeugte Elektrizität liefern (A. 13b.3a (2) Satz 3 UStAE).

Damit in der Praxis die Wiederverkäufer-Eigenschaft eindeutig ist, hat die Finanzverwaltung das Vordruckmuster USt-1-TH erschaffen (vgl. A. 13b.3a (2) Satz 5 ff. UStAE, Anlage 11). Für diesen Vordruck gelten grundsätzlich die gleichen Ausführungen, wie sie zum Vordruck USt-1-TG in diesem Buch enthalten sind (siehe unter Gliederungspunkt 3.5).

Bestehen Zweifel an der Wiederverkäufereigenschaft, ist davon auszugehen, dass ein Unternehmer Wiederverkäufer von Erdgas oder Elektrizität ist, wenn er einen im Zeitpunkt der Ausführung des Umsatzes gültigen Nachweis nach dem Finanzamtsvordruckmuster USt-1-TH (Anlage 11) im Original bzw. Kopie vorlegt.

Bestehen Zweifel, ob § 13b (2) Nr. 5b UStG Anwendung findet, wird auch auf den Gliederungspunkt 5 verwiesen.

Verwendet bei der Lieferung von Erdgas der Leistungsempfänger eine USt-1-TH-Bescheinigung (Anlage 11), ist er Steuerschuldner, auch wenn er im Zeitpunkt der Lieferung tatsächlich kein Wiederverkäufer ist. Bei der Lieferung von Elektrizität gilt dies entsprechend für die Verwendung einer USt-1-TH Bescheinigung durch den leistenden Unternehmer und/oder den Leistungsempfänger (vgl. A. 13b.3a (2) Satz 6 ff. UStAE).

Die Steuerschuldnerschaft nach § 13b UStG ist auch anzuwenden, wenn die Leistung für den nichtunternehmerischen Bereich des Leistungsempfängers bezogen wurde (§ 13b (5) Satz 7

UStG). Eine Ausnahme hiervon gibt es nur für bestimmte (im Gesetz genannte) Sonderfälle, wenn der Leistungsempfänger eine juristische Person des öffentlichen Rechts ist (§ 13b (5) Satz 11 UStG). Zu weiteren Besonderheiten bei juristischen Personen des öffentlichen Rechts vgl. A. 13b.3a (4) Satz 2 und 3 UStAE.

Nach § 3g UStG ist die Lieferung der genannten Gegenstände eine ruhende Lieferung. Die Beurteilung als ruhende Lieferung hat zur Folge, dass weder eine Ausfuhrlieferung (§ 6 UStG) noch eine igLieferung (§ 6a UStG) vorliegen kann. Auch ist die Ortsvorschrift des § 3 (8) UStG nicht anwendbar (A. 3g.1 (6) Satz 5 UStAE). In den Fällen des 3g UStG liegt auch kein igVerbringen vor (§ 3g (3) UStG, A. 3g.1 (6) UStAE).

Beispiel 13:
    Der Unternehmer L (Berlin) liefert an den Unternehmer K (Nürnberg) Elektrizität für 100.000 € über das Elektrizitätsnetz. Der L und der K sind Wiederverkäufer von Elektrizität.

Lösung:
    Es handelt sich um eine Lieferung (§ 3 (1) UStG) mit Ort der Lieferung in Nürnberg (§ 3g (1) UStG). Der Umsatz ist steuerbar (§ 1 (1) Nr. 1 UStG) und nicht befreit (§ 4 ff. UStG). Der Steuersatz ist 19 % (§ 12 (1) UStG). Die Bemessungsgrundlage beträgt 100.000 € (§ 10 (1) UStG), die USt somit 19.000 €. Steuerschuldner ist K (§ 13b (2) Nr. 5b iVm § 13b (5) Satz 4 UStG).

Beispiel 14:
    Der Unternehmer L (Berlin) ist Betreiber einer Photovoltaikanlage. Er liefert an den Unternehmer K (Nürnberg) ausschließlich selbst erzeugte Elektrizität für 10.000 € über das Elektrizitätsnetz. Der K ist Wiederverkäufer von Elektrizität.

Lösung:
    Es handelt sich um eine Lieferung (§ 3 (1) UStG) mit Ort der Lieferung in Nürnberg (§ 3g (2) UStG). Der Umsatz ist steuerbar (§ 1 (1) Nr. 1 UStG) und nicht befreit (§ 4 ff. UStG). Der Steuersatz ist 19 % (§ 12 (1) UStG). Die Be-

messungsgrundlage beträgt 100.000 € (§ 10 (1) UStG), die USt somit 19.000 €. Steuerschuldner ist L (§ 13a (1) Nr. 1 UStG). Die Steuerschuldnerschaft des Leistungsempfängers greift nicht, da L kein Wiederverkäufer ist (A. 13b.3a (2) Satz 3 UStAE).

3.7. Übertragungen von bestimmten Berechtigungen nach dem Treibhausgas-Emissionshandelsgesetz, dem Projekt-Mechanismen-Gesetz und dem Brennstoffemissionshandelsgesetz (§ 13b (2) Nr. 6 UStG)

Zu diesem Gliederungspunkt bitte auch die Ausführungen in Gliederungspunkt 1.2.3 lesen.

Von der Steuerschuldnerschaft des Leistungempfängers werden die Übertragungen von bestimmten (im § 13b (2) Nr. 6 UStG genannten) Berechtigungen nach dem Treibhausgas-Emissionshandelsgesetz (TEHG), dem Projekt-Mechanismen-Gesetz (Pro-MechG) und dem Brennstoffemissionshandelsgesetz (BEHG) erfasst.

Die Übertragungen erfolgen durch Einigung und Eintragung bzw. Registrierung in das jeweilige Register (z.B. nach § 17 TEHG). Zu diesem Zeitpunkt ist die Leistung im Sinn des § 13 (1) Nr. 1a UStG ausgeführt.

Beispiel 15:
Der Unternehmer L (Frankfurt/M.) überträgt eine Berechtigung nach dem TEHG auf den Unternehmer E (Berlin).

Lösung:
Es handelt sich um eine sonstige Leistung (§ 3 (9) UStG), deren Ort sich nach § 3a (2) UStG bestimmt und in Berlin liegt. Der Umsatz ist in Deutschland steuerbar und nicht befreit. Der Unternehmer E als Leistungempfänger ist nach § 13b (2) Nr. 6 iVm (5) Satz 1 UStG verpflichtet, die Umsatzsteuer für die steuerpflichtige Leistung des L abzuführen.

Bestehen Zweifel, ob § 13b (2) Nr. 6 UStG Anwendung findet,

wird auf den Gliederungspunkt 5 verwiesen.

Der Übergang der Steuerschuld auf den Leistungsempfänger nach § 13b (2) Nr. 6 UStG ist nur anzuwenden, wenn der Leistungsempfänger ein Unternehmer ist (§ 13b (5) Satz 1 zweiter Halbsatz UStG).

Die Steuerschuldnerschaft nach § 13b UStG ist <u>auch anzuwenden</u>, wenn die Leistung für den nichtunternehmerischen Bereich des Leistungsempfängers bezogen wurde (§ 13b (5) Satz 7 UStG). Eine Ausnahme hiervon gibt es nur für bestimmte (im Gesetz genannte) Sonderfälle, wenn der Leistungsempfänger eine juristische Person des öffentlichen Rechts ist (§ 13b (5) Satz 11 UStG).

3.8. Lieferungen bestimmter Schrott-/Altmetall-/Abfallstoffe und Produktionsabfälle (§ 13b (2) Nr. 7 UStG)

Zu diesem Gliederungspunkt bitte auch die Ausführungen in Gliederungspunkt 1.2.3 lesen.

Unter die Steuerschuldnerschaft des Leistungsempfängers fallen auch steuerpflichtige Lieferungen von bestimmten Schrott-, Altmetall- und Abfallstoffen sowie Produktionsabfällen (§ 13b (2) Nr. 7 UStG). **Als Anlage 2 ist eine Liste dieser Gegenstände beigefügt.**

Beispiel 16:
> Der selbständige Heizungsbauer H (Nürnberg) veräußert an den Unternehmer U (Fürth) mehrere bei Kunden ausgebaute verschlissene Heizkessel.

Lösung:
> Es handelt sich um Lieferungen (§ 3 (1) UStG), deren Ort sich nach § 3 (6) UStG bestimmt und in Nürnberg liegt. Der Umsatz ist in Deutschland steuerbar und nicht befreit. Der Unternehmer U als Leistungsempfänger ist nach § 13b (2) Nr. 7 iVm (5) Satz 1 zweiter Halbsatz UStG verpflichtet, die Umsatzsteuer für die steuerpflichtigen Lieferungen des H abzuführen.

Beispiel 17:

Die A-Produktions-GmbH (München) veräußert an den Unternehmer U (Augsburg) eine nicht mehr gebrauchsfähige Maschine.

Lösung:

Es handelt sich um eine Lieferung (§ 3 (1) UStG), deren Ort sich nach § 3 (6) UStG bestimmt und in München liegt. Der Umsatz ist in Deutschland steuerbar und nicht befreit. Der Unternehmer U als Leistungsempfänger ist nach § 13b (2) Nr. 7 iVm (5) Satz 1 zweiter Halbsatz UStG verpflichtet, die Umsatzsteuer für die steuerpflichtigen Lieferungen des A abzuführen.

! Sowohl der leistende Unternehmer, als auch der Leistungsempfänger müssen bei jeder Lieferung genau überprüfen, ob die Liefergegenstände unter § 13b (2) Nr. 7 UStG fallen. Eine beispielhafte Aufzählung enthält A. 13b.4 UStAE (siehe dort).

Die Abgrenzung ist schwierig, z.B. fallen nicht nur bestimmte Produktionsabfälle, sondern auch Styropor, sowie gebrauchte (leere) Tonerkartuschen und Tintenpatronen unter diese Regelung (A. 13b.4 (1) Nr. 4 Satz 5 UStAE). Für die Einordnung ist einzig und allein der Zolltarif maßgebend (zu Zolltarifnummern siehe Gliederungspunkt 4).

Werden an den Leistungsempfänger sowohl Gegenstände geliefert, die unter § 13b (2) Nr. 7 UStG (Schrott/Abfall) fallen, als auch Gegenstände, die nicht darunter fallen (kein Schrott/Abfall), ergeben sich unterschiedliche Steuerschuldner (A. 13b.4 (2) Satz 1 UStAE). Für die Lieferung der Gegenstände die als Schrott/Abfall zu klassifizieren sind, ist der Leistungsempfänger Steuerschuldner nach § 13b UStG, für die Lieferungen, die nicht als Schrott/Abfall zu klassifizieren sind, ist der Leistende Steuerschuldner nach § 13a UStG. Dies ist auch bei der Rechnungsstellung zu beachten (A. 13b.4 (2) Satz 2 UStAE).

Zu Mischungen oder Warenzusammensetzungen vgl. A. 13b.4 (3) UStAE.

Zum „negativen" Schrottpreis wird auf das BMF-Schreiben vom

23.05. 2016 (Az. IIIC3-S7279/10/10006) verwiesen.

Bei der Inzahlungnahme (Tausch bzw. tauschähnlicher Umsatz) sind die Regelungen in A. 13b.4 (2) Satz 3 ff. UStAE und A. 3.16 UStAE zu beachten. Ein tauschähnlicher Umsatz ist aber mangels einer der Entsorgungsleistung gegenüberstehenden Lieferung nicht anzunehmen, wenn ein Unternehmer nicht mehr nutzbaren, gefährlichen Abfall zum ausschließlichen Zweck der gesetzlich angeordneten Verwertung zur Rückgewinnung/Regenerierung von Abfällen übernimmt (BFH-Urteil vom 18.04.2024, Az. V R 7/22).

Zur Abgabe von werthaltigen Abfällen, für die gesetzliche Entsorgungspflichten bestehen siehe auch BMF-Schreiben vom 01.12. 2008 (BStBl. 2008, Teil I, Seite 992). Auf diese Besonderheiten wird hier nicht eingegangen.

Bestehen Zweifel, ob § 13b (2) Nr. 7 UStG Anwendung findet, wird auf den Gliederungspunkt 5 verwiesen.

Der Übergang der Steuerschuld auf den Leistungsempfänger nach § 13b (2) Nr. 7 UStG ist nur anzuwenden, wenn der Leistungsempfänger ein Unternehmer ist (§ 13b (5) Satz 1 zweiter Halbsatz UStG).

Die Steuerschuldnerschaft nach § 13b UStG ist auch anzuwenden, wenn die Leistung für den nichtunternehmerischen Bereich des Leistungsempfängers bezogen wurde (§ 13b (5) Satz 7 UStG). Eine Ausnahme hiervon gibt es nur für bestimmte (im Gesetz genannte) Sonderfälle, wenn der Leistungsempfänger eine juristische Person des öffentlichen Rechts ist (§ 13b (5) Satz 11 UStG).

3.9. Reinigung von Gebäuden und Gebäudeteilen

Zu diesem Gliederungspunkt bitte auch die Ausführungen in Gliederungspunkt 1.2.3 lesen.

Unter die Steuerschuldnerschaft des Leistungsempfängers fallen bestimmte steuerpflichtige Gebäudereinigungen (§ 13b (2) Nr. 8

UStG). Werden Gebäudereinigungsleistungen von einem im Inland ansässigen Unternehmer mit Umsatzort im Inland erbracht, ist der Leistungsempfänger aber **nur dann** Steuerschuldner, wenn er Unternehmer ist <u>und</u> selbst nachhaltig Gebäudereinigungsleistungen erbringt. Zur nachhaltigen Erbringung siehe unten in diesem Gliederungspunkt.

Vereinfacht kann man sagen, dass der Leistungsempfänger in seinen USt-Erklärungen eine Steuerschuldnerschaft nach § 13b (2) Nr. 8 UStG zu erklären hat, **wenn** der Leistende <u>im konkreten Fall</u> eine Gebäudereinigungsleistung erbracht hat **und** der Leistungsempfänger nachhaltig Gebäudereinigungsleistungen erbringt (die nicht mit der bezogenen Gebäudereinigungsleistung identisch sein müssen).

Der Begriff der Gebäudereinigungsleistungen ist im A. 13b.5 UStAE definiert. Bestimmte Leistungen werden von der Anwendung ausgenommen (vgl. A. 13b.5 (3) UStAE). Außerdem hat die OFD-Karlsruhe am 25.09.2012 (Az. 7279 Karte 3) dazu eine Verfügung herausgegeben. **Als Anlage 3 ist eine Übersicht der Reinigungsleistungen enthalten, die unter § 13b (2) Nr. 8 UStG fallen.**

Erbringt ein Unternehmer eine Leistung, die keine Gebäudereinigungsleistung ist, und bezeichnet er sie dennoch in der Rechnung als Gebäudereinigungsleistung, ist der Leistungsempfänger für diesen Umsatz nicht Steuerschuldner nach § 13b UStG, die Steuerschuldnerschaft verbleibt beim leistenden Unternehmer nach A. 13b.5 (4) Satz 2 UStAE.

Nach § 13b (2) Nr. 8 Satz 2 UStG geht die Steuerschuldnerschaft bei Leistungen ausländischer Unternehmer gemäß § 13b (2) Nr. 1 UStG der Regelung für Gebäudereinigungsleistungen vor. Damit werden **alle** unternehmerischen Leistungsempfänger und juristische Personen des öffentlichen Rechts Steuerschuldner bei sämtlichen Gebäudereinigungsleistungen von leistenden ausländischen Unternehmern.

Beispiel 18:
Für den Spielzeughändler U (Nürnberg) reinigt der Unternehmer S (Prag, Tschechien) ein Gebäude in Erlangen.

Lösung:

Es handelt sich um eine sonstige Leistung, deren Ort sich nach § 3a (3) Nr. 1 UStG bestimmt und in Erlangen liegt (vgl. auch A. 3a.3 (9) Nr. 4 UStAE). Der Umsatz ist in Deutschland steuerbar und nicht befreit. Der Unternehmer U als Leistungsempfänger ist nach § 13b (2) Nr. 1 iVm (5) Satz 1 UStG verpflichtet, die Umsatzsteuer für die steuerpflichtige Leistung des S (ausländischer Unternehmer) abzuführen (§ 13b (2) Nr. 1 hat Vorrang vor § 13b (2) Nr. 8 UStG).

Im folgenden Text wird nur auf die ab dem 01.10.2014 anzuwendende Regelung des § 13b (2) Nr. 8 UStG eingegangen.

Erbringt ein in Deutschland ansässiger Unternehmer eine Gebäudereinigungsleistung und befindet sich der Ort dieser Leistung nach den UStG-Ortsvorschriften im Inland, ist der Leistungsempfänger Steuerschuldner unabhängig davon, ob der Leistungsempfänger die bezogene Leistung (Eingangsleistung) wiederum für eine Gebäudereinigungs-Ausgangsleistung verwendet, wenn er ein Unternehmer ist, der nachhaltig entsprechende Gebäudereinigungsleistungen erbringt (§ 13b (5) Satz 5 UStG).

Von der **nachhaltigen Erbringung von Gebäudereinigungsleistungen** ist auszugehen, wenn dem Leistungsempfänger eine im Zeitpunkt der Ausführung des Umsatzes gültige USt-1-TG-Gebäudereinigungsbescheinigung (Anlage 10) darüber erteilt wurde, dass er ein Unternehmer ist, der derartige Leistungen erbringt. Das Finanzamt erteilt dem Leistungsempfänger die USt-1-TG-Gebäudereinigungsbescheinigung, wenn er mindestens 10 % seines Weltumsatzes (Summe seiner im Inland steuerbaren und nicht steuerbaren Umsätze) als Gebäudereinigungsleistungen erbringt (analog Bauleistungen, vgl. A. 13b.5 (4) Satz 2 UStAE).

Erbringt in einer Organschaft nur ein Teil des Organkreises (z.B. der Organträger oder eine Organgesellschaft) nachhaltig Gebäudereinigungsleistungen, ist der Organträger nur für die Gebäudereinigungsleistungen Steuerschuldner, die an **diesen** Teil des Organkreises erbracht werden. Bei der Berechnung der 10 %-

Grenze sind nur die Bemessungsgrundlagen der Umsätze zu berücksichtigen, die <u>dieser Teil</u> des Organkreises erbracht hat (analog Bauleistungen, vgl. A. 13b.5 (4) Satz 2 UStAE).

Das für den Leistungsempfänger zuständige Finanzamt hat die USt-1-TG-Gebäudereinigungsbescheinigung auf Antrag auszustellen, wenn die hierfür erforderlichen Voraussetzungen gegeben sind. Beim Bescheinigungsverfahren (USt-1-TG) gelten die Regelungen zu den Bauleistungen analog (A. 13b.5 (4) Satz 2 UStAE.). Die Bescheinigung kann auch von Amts wegen erteilt werden, wenn das zuständige Finanzamt feststellt, dass die erforderlichen Voraussetzungen erfüllt sind. Leistungsempfänger sollten rechtzeitig klären, ob sie die Voraussetzungen für die Erteilung der USt-1-TG-Gebäudereinigungsbescheinigung erfüllen, und wenn das vorliegt, schnellstens die Ausstellung beantragen. Ansonsten besteht die Gefahr, dass die Finanzverwaltung von Amts wegen (rückwirkend) die Bescheinigung ausstellt. Der Leistungsempfänger wäre dann in einem solchen Fall Steuerschuldner nach § 13b UStG (auch wenn er die Bescheinigung gegenüber dem leistenden Unternehmer nicht verwendete, weil er diese nicht beantragt hatte).

Die USt-1-TG-Gebäudereinigungsbescheinigung kann nur für die Zukunft zurückgenommen oder widerrufen werden. Der leistende Unternehmer ist in einem solchen Fall wieder Steuerschuldner. Hat dieser vom Widerruf aber keine Kenntnis und hat er keine Kenntnis haben können, wird es nicht beanstandet, wenn weiterhin unter Anwendung des § 13b UStG abgerechnet wird. Allerdings genießt der leistende Unternehmer nur dann Vertrauensschutz, wenn der Leistungsempfänger die Besteuerung in zutreffender Höhe vorgenommen hat (analog Bauleistungen, vgl. A. 13b.5 (4) Satz 2 UStAE). Da für den leistenden Unternehmer die Gefahr besteht, dass der Leistungsempfänger die Besteuerung nicht ordnungsgemäß vornimmt, sollte der leistende Unternehmer bei jedem Umsatz auf der Vorlage einer gültigen USt-1-TG-Gebäudereinigungsbescheinigung (Anlage 10) des Leistungsempfängers bestehen. Denn in Zweifelsfällen wird der leistende Unternehmer nachzuweisen haben, dass er keine Kenntnis vom Widerruf der Bescheinigung hatte und auch keine Kenntnis haben konnte.

Hat das Finanzamt dem Leistungsempfänger eine USt-1-TG-Gebäudereinigungsbescheinigung ausgestellt, ist er auch dann als Leistungsempfänger Steuerschuldner, wenn er diesen Nachweis gegenüber dem leistenden Unternehmer nicht verwendet (analog Bauleistungen, vgl. A. 13b.5 (4) Satz 2 UStAE). Das hat dann für den Leistungsempfänger erhebliche Folgen. Da der Leistende in so einem Fall USt berechnet hat, ist die Rechnung falsch (§ 14c-Fall) und dem Leistungsempfänger wird der Vorsteuerabzug aus der Rechnung gestrichen.

Da die Regelungen zu den Bauleistungen analog anzuwenden sind (A. 13b.5 (4) Satz 2 UStAE), ist im Zusammenhang mit der USt-1-TG-Gebäudereinigungsbescheinigung auch folgendes zu beachten (vgl. Information des Bayerischen Landesamtes für Steuern vom 26.11.2014 zu den Bauleistungen):

- Der Leistungsempfänger einer Gebäudereinigungsleistung händigt die gültige USt-1-TG-Gebäudereinigungsbescheinigung dem Leistenden aus. Diese dient dem Leistenden als Sicherheit und bedeutet, dass der Leistende die Gebäudereinigungsleistung netto (ohne ausgewiesene USt) abzurechnen hat. <u>Nicht erforderlich ist, dass der Leistende selbst über eine eigene USt-1-TG-Gebäudereinigungsbescheinigung verfügt.</u>

- Wurde dem Leistungsempfänger vom Finanzamt eine USt-1-TG-Gebäudereinigungsbescheinigung erteilt, erbringt er jedoch nicht nachhaltig Gebäudereinigungsleistungen, ist der Leistungsempfänger dennoch Steuerschuldner.

- Wenn der Leistungsempfänger über keine USt-1-TG-Gebäudereinigungsbescheinigung verfügt, jedoch nachhaltig Gebäudereinigungsleistungen erbringt, geht die Steuerschuld auch ohne Vorhandensein einer USt-1-TG-Gebäudereinigungsbescheinigung auf den Leistungsempfänger über.

- Die Finanzverwaltung erteilt keine Negativbescheinigungen. Sollten die Voraussetzungen für die Erteilung einer USt-1-TG-Gebäudereinigungsbescheinigung nicht vorliegen, erfolgt eine schriftliche Ablehnung des Antrages. Diese Ablehnung ist jedoch nur eine Momentaufnahme und entfaltet keine rechtliche Bindung für die Zukunft.

Beispiel 19:

Der Gebäudereinigungsunternehmer A (Nürnberg) beauftragt den Subunternehmer S (Fürth) mit der Reinigung seines Bürogebäudes in Nürnberg. A verwendet gegenüber S eine im Leistungszeitpunkt gültige USt-1-TG-Gebäudereinigungsbescheinigung.

Lösung:

Es handelt sich um eine sonstige Leistung, deren Ort sich nach § 3a (3) Nr. 1 UStG bestimmt und in Nürnberg liegt (vgl. auch A. 3a.3 (9) Nr. 4 UStAE). Der Umsatz ist in Deutschland steuerbar und nicht befreit. Der Unternehmer A als Leistungsempfänger ist nach § 13b (2) Nr. 8 iVm (5) Satz 1 zweiter Halbsatz UStG verpflichtet, die Umsatzsteuer für die steuerpflichtige Leistung des S abzuführen. Ob A die von S bezogene Gebäudereinigungsleistung unmittelbar weiter „verkauft" ist unbeachtlich.

Bestehen Zweifel, ob § 13b (2) Nr. 8 UStG Anwendung findet, wird auf den Gliederungspunkt 5 verwiesen.

Die Steuerschuldnerschaft nach § 13b UStG ist <u>auch anzuwenden</u>, wenn die Leistung für den nichtunternehmerischen Bereich des Leistungsempfängers bezogen wurde (§ 13b (5) Satz 7 UStG). Eine Ausnahme hiervon gibt es nur für bestimmte (im Gesetz genannte) Sonderfälle, wenn der Leistungsempfänger eine juristische Person des öffentlichen Rechts ist (§ 13b (5) Satz 11 UStG).

3.10. Bestimmte Goldlieferungen (§ 13b (2) Nr. 9 UStG)

Zu diesem Gliederungspunkt bitte auch die Ausführungen in Gliederungspunkt 1.2.3 lesen.

Die Steuerschuldnerschaft des Leistungsempfängers ist auch anzuwenden auf steuerpflichtige unter den Zolltarif Nr. 7108 und

7109 fallende Goldlieferungen (§ 13b (2) Nr. 9 UStG). Die Lieferungen, die unter diese Regelung fallen, sind u.a. im A. 13b.6 UStAE aufgezählt. Die OFD-Karlsruhe hat am 25.09.2012 (Az. 7279 Karte 3) dazu eine Verfügung herausgegeben. <u>Die Abgrenzung ist schwierig, z.B. fallen auch bestimmte Lötmittel mit Goldanteil zur Herstellung elektronischer Kontakte unter diese Regelung</u> (OFD-Niedersachsen vom 04.07.2012, Az. S7279-38-St184, mit weiteren Besonderheiten). Nach dieser Verfügung ist für die Einordnung <u>einzig und allein der Zolltarif maßgebend</u> (zu Zolltarifnummern siehe Gliederungspunkt 4). **Als Anlage 4 ist eine Liste der Gegenstände enthalten, die unter § 13b (2) Nr. 9 UStG fallen.** !

Sowohl der leistende Unternehmer, als auch der Leistungsempfänger müssen bei jeder Lieferung <u>genau überprüfen</u>, ob die Liefergegenstände unter § 13b (2) Nr. 9 UStG fallen. !

Beispiel 20:
Der Goldgroßhändler G (Nürnberg) veräußert an den Unternehmer U (Fürth) Gold in Rohform mit einem Feingehalt von mindestens 325 Tausendstel. Der U benötigt dieses Gold für die Produktion von elektronischen Bauteilen.

Lösung:
Es handelt sich um eine Lieferung (§ 3 (1) UStG), deren Ort sich nach § 3 (6) UStG bestimmt und in Nürnberg liegt. Der Umsatz ist in Deutschland steuerbar und nicht befreit. Der Unternehmer U als Leistungsempfänger ist nach § 13b (2) Nr. 9 iVm (5) Satz 1 UStG verpflichtet, die USt für die steuerpflichtige Lieferung des G abzuführen.

Werden an den Leistungsempfänger sowohl Gegenstände geliefert, die unter diese Regelung fallen, als auch Gegenstände, die nicht unter diese Regelung fallen, ergeben sich unterschiedliche Steuerschuldner. Für die Lieferung der unter § 13b (2) Nr. 9 UStG fallenden Goldgegenstände ist der Leistungsempfänger Steuerschuldner nach § 13b UStG, für die Lieferungen der nicht unter § 13b (2) Nr. 9 UStG fallenden Goldgegenstände ist der Leistende Steuerschuldner nach § 13a UStG. Dies ist auch bei der Rechnungsstellung zu beachten.

Erbringt ein Unternehmer eine Lieferung, die keine in § 13b (2) Nr. 9 UStG genannte Goldlieferung ist, und bezeichnet er sie dennoch in der Rechnung als eine derartige Goldlieferung, ist der Leistungsempfänger für diesen Umsatz nicht Steuerschuldner nach § 13b UStG, die Steuerschuldnerschaft verbleibt beim leistenden Unternehmer nach § 13a UStG (vgl. analog A. 13b.3 (13) UStAE).

Bestehen Zweifel, ob § 13b (2) Nr. 9 UStG Anwendung findet, wird auf den Gliederungspunkt 5 verwiesen.

Der Übergang der Steuerschuld auf den Leistungsempfänger nach § 13b (2) Nr. 9 UStG ist nur anzuwenden, wenn der Leistungsempfänger ein Unternehmer ist (§ 13b (5) Satz 1 zweiter Halbsatz UStG).

Die Steuerschuldnerschaft nach § 13b UStG ist <u>auch anzuwenden</u>, wenn die Leistung für den nichtunternehmerischen Bereich des Leistungsempfängers bezogen wurde (§ 13b (5) Satz 7 UStG). Eine Ausnahme hiervon gibt es nur für bestimmte (im Gesetz genannte) Sonderfälle, wenn der Leistungsempfänger eine juristische Person des öffentlichen Rechts ist (§ 13b (5) Satz 11 UStG).

3.11. Mobilfunkgeräte, Tablet-Computer, Spielekonsolen und bestimmte integrierte Schaltkreise (§ 13b (2) Nr. 10 UStG)

Zu diesem Gliederungspunkt bitte auch die Ausführungen in Gliederungspunkt 1.2.3 lesen.

Für die Lieferungen von Mobilfunkgeräten, Tablet-Computern, Spielekonsolen und bestimmten integrierten Schaltkreisen ist der Leistungsempfänger dann Steuerschuldner nach § 13b UStG, wenn er ein Unternehmer ist (§ 13b (2) Nr. 10 iVm (5) Satz 1 zweiter Halbsatz UStG).

! Sowohl der leistende Unternehmer als auch der Leistungsempfänger müssen bei jeder Lieferung <u>genau überprüfen</u>, ob die Liefergegenstände unter § 13b (2) Nr. 10 UStG fallen. Die Abgrenzung ist schwierig (vgl. A. 13b.7 UStAE).

© Ihr-Ziel.de Pede

Mobilfunkgeräte sind Geräte, die zum Gebrauch mittels eines zugelassenen Netzes und auf bestimmten Frequenzen hergestellt oder hergerichtet wurden, unabhängig von etwaigen weiteren Nutzungsmöglichkeiten. Hiervon werden insbesondere alle Geräte erfasst, mit denen Telekommunikationsleistungen in Form von Sprachübertragung über drahtlose Mobilfunk-Netzwerke in Anspruch genommen werden können. Die Lieferung von Geräten, die <u>ausschließlich reine Daten</u> übertragen, ohne diese in akustische Signale umzusetzen, sind keine Mobilfunkgeräte in diesem Sinne (A. 13b.7 (1) UStAE).

Smartwatches mit LTE-Modul o.ä. (SIM-Slot; eSim) lassen sich zur Sprach- und Datenübertragung nutzen, auch unabhängig von einem gekoppelten Smartphone. Folglich sind sie als Mobilfunkgeräte zu behandeln. Smartwatches ohne LTE-Modul o.ä. werden ausschließlich über Bluetooth mit dem Smartphone verbunden und können allein nicht zum Telefonieren über ein Mobilfunknetz genutzt werden. Die Möglichkeit der Nutzung sowie der Datenübertragung über ein WLAN eröffnet keine Subsumtion unter „Mobilfunkgeräte". Diese Geräte stellen reine Eingabegeräte dar und sind keine Mobilfunkgeräte in diesem Sinne (FinBeh-Hamburg vom 01.12.2021 Az. S7279-2021/005-51).

Ein **Tablet-Computer** (aus Unterposition 8471 30 00 des Zolltarifs) ist ein tragbarer, flacher Computer in besonders leichter Ausführung, der vollständig in einem Touchscreen-Gehäuse untergebracht ist und mit den Fingern oder einem Stift bedient werden kann (A. 13b.7 (1a) UStAE). Zu Zolltarifnummern siehe Gliederungspunkt 4. Bei klassischen Notebooks ist das anders, denn die zeichnen sich dadurch aus, dass sie nicht über einen Touchscreen verfügen, eine vollständige Tastatur besitzen und die Komponenten nicht unter dem Bildschirm, sondern unter der Tastatur untergebracht sind. Somit sind **klassische Notebooks keine Tablet-Computer** in diesem Sinne (FinBeh-Hamburg vom 01.12.2021 Az. S7279-2021/005-51).

Convertibles sind eine Mischung aus Tablet und Notebook. Sie zeichnen sich dadurch aus, dass sie einen Touchscreen besitzen und damit wie ein Tablet über den Screen bedient werden können. Zusätzlich bieten diese Geräte eine fest angebrachte oder abnehmbare Tastatur. Hier ist nach der Verfügung der FinBeh-Hamburg vom 01.12.2021 (Az. S7279-2021/005-51) zu unterscheiden:

- Convertibles mit fest angebrachter Tastatur
  Geräte mit fest angebrachter Tastatur sind in aller Regel Notebooks mit der Zusatzfunktion des Touchscreens. Die Komponenten, die diesen Computer ausmachen (Mainboard, CPU, GPU etc.), sind regelmäßig nicht unter dem Screen, sondern unter der Tastatur verbaut. Sie gelten damit <u>nicht</u> als Tablet-Computer in diesem Sinne, da der Computer nicht vollständig in einem Touchscreen-Gehäuse untergebracht ist.

- Convertibles mit abnehmbarer/optionaler Tastatur
  Diese Geräte sind Tablets an denen eine Tastatur angeschlossen werden kann. Die Komponenten, die diesen Computer ausmachen (Mainboard, CPU, GPU etc.), müssen zwingend unter dem Touchscreen verbaut sein, da andernfalls beim Abnehmen der Tastatur keine Funktionalität gegeben wäre. Diese Geräte sind Tablet-Computer in diesem Sinne.

- Ausnahmen
  Sowohl klassische Notebooks als auch Convertibles mit fest angebrachter Tastatur lassen sich bei bestimmten Modellen mit einem LTE-Modul bzw. einem SIM-Karten-Slot ausstatten. Mit dieser Besonderheit sind diese Geräte Mobilfunkgeräte und werden deshalb von § 13b (2) Nr. 10 UStG erfasst (wie Smartwatches mit LTE-Modul, siehe oben).

Spielekonsolen sind Computer oder computerähnliche Geräte, die in erster Linie für Videospiele entwickelt werden (A. 13b.7 (1b) UStAE). Neben dem Spielen können sie weitere Funktionen bieten, z.B. Wiedergabe von Audio-CDs, Video-DVDs und Blu-ray Discs.

Ein **integrierter Schaltkreis** ist eine auf einem einzelnen Halbleitersubstrat (sogenannter Chip) untergebrachte elektronische Schaltung (elektronische Bauelemente mit Verdrahtung). Zu den integrierten Schaltkreisen idS zählen insbesondere Mikroprozessoren und CPUs. Die Lieferungen dieser Gegenstände fallen unter § 13b (2) Nr. 10 UStG, sofern sie (noch) nicht in einen zur Lieferung auf der Einzelhandelsstufe geeigneten Gegenstand (Endprodukt) eingebaut wurden. Diese Voraussetzungen sind immer dann erfüllt, wenn die o.g. integrierten Schaltkreise unverbaut an Unternehmer geliefert werden; dies gilt auch dann, wenn unverbaute integrierte Schaltkreise auch an Letztverbraucher abgegeben werden können. Wird ein integrierter Schaltkreis in einen anderen Gegenstand eingebaut oder verbaut, handelt es sich bei dem weiter gelieferten Gegenstand nicht mehr um einen integrierten Schaltkreis; in diesem Fall ist es unbeachtlich, ob der weiter gelieferte Gegenstand ein Endprodukt ist und auf der Einzelhandelsstufe gehandelt werden kann (A. 13b.7 (2) UStAE). Aus Vereinfachungsgründen kann die Abgrenzung der unter diese Regelung fallenden integrierten Schaltkreise anhand der Unterposition 85423190 des Zolltarifs vorgenommen werden (A. 13b.7 (2) Satz 6 UStAE). Zu Zolltarifnummern siehe Gliederungspunkt 4.

Weitere **Voraussetzung für die Anwendung dieser Vorschrift** ist, dass die Summe der für die steuerpflichtigen Lieferungen dieser Gegenstände in Rechnung zu stellenden Bemessungsgrundlagen **mindestens 5.000 €** beträgt (A. 13b.7 (3) UStAE). Abzustellen ist dabei auf alle im Rahmen eines zusammenhängenden wirtschaftlichen Vorgangs gelieferten Gegenstände der genannten Art, um Manipulationen z.B. durch Aufspalten der Rechnungsbeträge zu unterbinden. Als Anhaltspunkt für einen wirtschaftlichen Vorgang dient insbesondere die Bestellung, der Auftrag, der Vertrag oder der Rahmen-Vertrag mit konkretem Auftragsvolumen. Lieferungen bilden stets einen einheitlichen wirtschaftlichen Vorgang, wenn sie im Rahmen eines einzigen Erfüllungsgeschäfts geführt werden, auch wenn hierüber mehrere Aufträge vorliegen oder mehrere Rechnungen ausgestellt werden.

Beispiel 21:
    Der Unternehmer K (München) bestellt beim Händler V
    100 Mobilfunkgeräte zu einem Preis von insgesamt
    40.000 €. Vertragsgemäß liefert V die Geräte in zehn

Tranchen mit je 10 Stück zu je 4.000 € aus.

Lösung:

Es handelt sich um einen zusammenhängenden wirtschaftlichen Vorgang, denn die Lieferung der Mobilfunkgeräte erfolgte auf der Grundlage einer Bestellung über die Gesamtmenge von 100 Stück zum Gesamtpreis von 40.000 €. Der K schuldet daher als Leistungsempfänger die Steuer für diese zusammenhängenden Lieferungen (§ 13b (2) Nr. 10 iVm (5) Satz 1 zweiter Halbsatz UStG).

Keine Lieferungen im Rahmen eines zusammenhängenden wirtschaftlichen Vorgangs liegen in folgenden Fällen vor (vgl. A. 13.7 (3) Satz 5 UStAE):

- Lieferungen aus einem Konsignationslager, das der liefernde Unternehmer in den Räumlichkeiten des Abnehmers unterhält, wenn der Abnehmer die Gegenstände jederzeit in beliebiger Menge entnehmen kann

- Lieferungen auf Grund eines Rahmenvertrags, in dem lediglich Lieferkonditionen und Preise der zu liefernden Gegenstände, nicht aber deren Menge festgelegt wird

- Lieferungen im Rahmen einer dauerhaften Geschäftsbeziehung, bei denen Aufträge schriftlich, per Telefon, per Telefax oder auf elektronischem Weg erteilt werden, die zu liefernden Gegenstände gegebenenfalls auch zusammen ausgeliefert werden, es sich aber bei den Lieferungen um voneinander unabhängige Erfüllungsgeschäfte handelt.

Nachträgliche Entgeltminderungen bleiben für die Beurteilung der Betragsgrenze von 5.000 € unberücksichtigt (A. 13b.7 (3) Satz 6 UStAE). Das gilt auch für nachträgliche Teilrückabwicklungen.

Die am Umsatz Beteiligten haben kein Wahlrecht für die Anwendung der 5.000 € - Grenze (Bundestagsdrucksache 18/3672). Ist aber auf Grund der vertraglichen Vereinbarungen nicht absehbar oder erkennbar, ob die Betragsgrenze von 5.000 € für Lieferungen erreicht oder überschritten wird, wird es nach A. 13b.7 (3)

Satz 7 UStAE aus Vereinfachungsgründen nicht beanstandet, wenn die Steuerschuldnerschaft des Leistungsempfängers angewendet wird, sofern beide Vertragspartner übereinstimmend vom Vorliegen der Voraussetzungen zur Anwendung von § 13b UStG ausgegangen sind und dadurch keine Steuerausfälle entstehen; dies gilt als erfüllt, wenn der Umsatz vom Leistungsempfänger in zutreffender Höhe versteuert wird. Dies gilt auch dann, wenn sich im Nachhinein herausstellt, dass die Betragsgrenze von 5.000 € nicht überschritten wird.

Werden Anzahlungen geleistet, ist für die Anwendung der Betragsgrenze auf das Gesamtentgelt (netto) und nicht auf die in den Anzahlungs- und Endrechnungen angegebenen Teilentgelte abzustellen (Folge aus den Regelungen im A. 13b.7 (3) UStAE). Zu weiteren Besonderheiten im Zusammenhang mit An-/Vorauszahlungen vgl. Gliederungspunkt 8.

Beispiel 22:
Der Elektrogroßhändler E (Nürnberg) veräußert an den Unternehmer U (Fürth) Handygeräte (Mobiltelefone) für ein Gesamtentgelt iHv 10.000 € (netto).

Lösung:
Es handelt sich um eine Lieferung (§ 3 (1) UStG), deren Ort sich nach § 3 (6) UStG bestimmt und in Nürnberg liegt. Der Umsatz ist in Deutschland steuerbar und nicht befreit. Der Unternehmer U als Leistungsempfänger ist nach § 13b (2) Nr. 10 iVm (5) Satz 1 zweiter Halbsatz UStG verpflichtet, die Umsatzsteuer für die steuerpflichtige Lieferung des E abzuführen.

Beispiel 23:
Der Elektrogroßhändler E (Nürnberg) veräußert an den Computerhändler U (Fürth) Intel-CPUs für ein Gesamtentgelt iHv 10.000 € (netto). Der U baut diese CPUs in Desktop-PCs ein und veräußert die Computer an den Unternehmer A (Erlangen) für 200.000 €.

Lösung:
Bei dem CPU-Verkauf von E an U handelt sich um eine Lieferung (§ 3 (1) UStG), deren Ort sich nach § 3 (6)

UStG bestimmt und in Nürnberg liegt. Der Umsatz ist in Deutschland steuerbar und nicht befreit. Der Unternehmer U als Leistungsempfänger ist nach § 13b (2) Nr. 10 iVm (5) Satz 1 zweiter Halbsatz UStG verpflichtet, die Umsatzsteuer für die steuerpflichtige Lieferung des E abzuführen. Bei dem Computerverkauf von U an A handelt es sich um Lieferungen (§ 3 (1) UStG), deren Ort sich nach § 3 (6) UStG bestimmt und in Fürth liegt. Der Umsatz ist in Deutschland steuerbar und nicht befreit. Der Unternehmer U ist als Leistender nach § 13a (1) Nr. 1 UStG Steuerschuldner, der § 13b (2) Nr. 10 UStG greift nicht (da bereits eingebaut in ein Endprodukt).

Bestehen Zweifel, ob § 13b (2) Nr. 10 UStG Anwendung findet, wird auf den Gliederungspunkt 5 verwiesen.

Der Übergang der Steuerschuld auf den Leistungsempfänger nach § 13b (2) Nr. 10 UStG ist nur anzuwenden, wenn der Leistungsempfänger ein Unternehmer ist (§ 13b (5) Satz 1 zweiter Halbsatz UStG).

Die Steuerschuldnerschaft nach § 13b UStG ist <u>auch anzuwenden</u>, wenn die Leistung für den nichtunternehmerischen Bereich des Leistungsempfängers bezogen wurde (§ 13b (5) Satz 7 UStG). Eine Ausnahme hiervon gibt es nur für bestimmte (im Gesetz genannte) Sonderfälle, wenn der Leistungsempfänger eine juristische Person des öffentlichen Rechts ist (§ 13b (5) Satz 11 UStG).

3.12. Lieferung bestimmter Metalle u.ä. (§ 13b (2) Nr. 11 UStG)

Zu diesem Gliederungspunkt bitte auch die Ausführungen in Gliederungspunkt 1.2.3 lesen.

Die Steuerschuldnerschaft des Leistungsempfängers ist auch auf die Lieferung bestimmter Metalle u.ä. anzuwenden (§ 13b (2) Nr. 11 UStG). **Als Anlage 5 ist eine Liste mit den Gegenständen iSd § 13b (2) Nr. 11 UStG beigefügt.**

Die Eingruppierung ist äußerst schwierig, da nach A. 13b.7a (1)

Satz 1 erste Worte UStAE „vor allem Metalle in Rohform oder als Halbzeug" unter diese Vorschrift fallen, d.h. es kann sich auch um Metalle handeln, die nicht mehr in der Rohform sind. **Maßgebend ist die Einordnung in den Zolltarif** (zu Zolltarifnummern siehe Gliederungspunkt 4).

Beispiel 24:
> Der Unternehmer U (Nürnberg) veräußert an den Unternehmer E (Fürth) mehrere Produkte mit den Zolltarifnummern 7201

Lösung:
> Es handelt sich um Lieferungen (§ 3 (1) UStG), deren Ort sich nach § 3 (6) UStG bestimmt und in Nürnberg liegt. Der Umsatz ist in Deutschland steuerbar und nicht befreit. Der Unternehmer E als Leistungsempfänger ist nach § 13b (2) Nr. 11 iVm (5) Satz 1 zweiter Halbsatz UStG verpflichtet, die Umsatzsteuer für die steuerpflichtigen Lieferungen des U abzuführen.

Werden an den Leistungsempfänger sowohl Gegenstände geliefert, die unter § 13b (2) Nr. 11 UStG fallen (Metall u.ä.), als auch Gegenstände, die nicht darunter fallen (kein Metall u.ä.), ergeben sich unterschiedliche Steuerschuldner. Für die Lieferung der Gegenstände, die als Metalle u.ä. zu klassifizieren sind, ist der Leistungsempfänger Steuerschuldner nach § 13b UStG, für die Lieferungen die nicht als Metalle u.ä. zu klassifizieren sind, ist der Leistende Steuerschuldner nach § 13a UStG.

Weitere Voraussetzung für die Anwendung dieser Vorschrift ist, dass die Summe der für die steuerpflichtigen Lieferungen dieser Gegenstände in Rechnung zu stellenden Bemessungsgrundlagen **mindestens 5.000 €** beträgt (A. 13b.7a (2) UStAE, wie bei Mobilfunkgeräten). Abzustellen ist dabei auf alle im Rahmen eines zusammenhängenden wirtschaftlichen Vorgangs gelieferten Gegenstände der genannten Art, um Manipulationen z.B. durch Aufspalten der Rechnungsbeträge zu unterbinden. Zur diesbezüglichen Abgrenzung vgl. die Ausführungen in Gliederungspunkt 3.11, die hier analog anzuwenden sind.

Bestehen Zweifel, ob § 13b (2) Nr. 11 UStG Anwendung findet,

---

wird auf den Gliederungspunkt 5 verwiesen.

Der Übergang der Steuerschuld auf den Leistungsempfänger nach § 13b (2) Nr. 11 UStG ist nur anzuwenden, wenn der Leistungsempfänger ein Unternehmer ist (§ 13b (5) Satz 1 zweiter Halbsatz UStG).

Die Steuerschuldnerschaft nach § 13b UStG ist <u>auch anzuwenden</u>, wenn die Leistung für den nichtunternehmerischen Bereich des Leistungsempfängers bezogen wurde (§ 13b (5) Satz 7 UStG). Eine Ausnahme hiervon gibt es nur für bestimmte (im Gesetz genannte) Sonderfälle, wenn der Leistungsempfänger eine juristische Person des öffentlichen Rechts ist (§ 13b (5) Satz 11 UStG).

3.13. Sonstige Leistungen auf dem Gebiet der Telekommunikation (§ 13b (2) Nr. 12 UStG)

Zu diesem Gliederungspunkt bitte auch die Ausführungen in Gliederungspunkt 1.2.3 lesen.

Unter die Steuerschuldnerschaft des Leistungsempfängers fallen ab dem 01.01.2021 bestimmte steuerpflichtige sonstige Leistungen auf dem Gebiet der Telekommunikation (§ 13b (2) Nr. 12 UStG).

Werden dies Leistungen von einem im Inland ansässigen Unternehmer mit Umsatzort im Inland erbracht, ist der Leistungsempfänger aber **nur dann** Steuerschuldner, wenn er Unternehmer ist <u>und</u> selbst nachhaltig sonstige Leistungen auf dem Gebiet der Telekommunikation erbringt. Zur nachhaltigen Erbringung siehe unten in diesem Gliederungspunkt.

Vereinfacht kann man sagen, dass der Leistungsempfänger in seinen USt-Erklärungen eine Steuerschuldnerschaft nach § 13b (2) Nr. 12 UStG zu erklären hat, **wenn** der Leistende <u>im konkreten Fall</u> eine sonstige Leistung auf dem Gebiet der Telekommunikation erbracht hat **und** der Leistungsempfänger nachhaltig sonstige Leistungen auf dem Gebiet der Telekommunikation erbringt (die nicht mit der bezogenen Telekommunikationsleistung identisch sein müssen).

Der Begriff der sonstigen Leistung auf dem Gebiet der Telekommunikation ist im A. 3a.10 UStAE definiert (A. 13b.7b (1) UStAE). Dazu gehören z.B. VoIP-Dienstleistungen (Voice-over-Internet-Protocol, Telefonate über das Internet). Bestimmte Leistungen werden von der Anwendung ausgenommen (vgl. A. 13b.7b (8) und (9) UStAE).

Nach § 13b (2) Nr. 12 Satz 2 UStG geht die Steuerschuldnerschaft bei Leistungen ausländischer Unternehmer gemäß § 13b (2) Nr. 1 UStG der Regelung für sonstige Leistungen auf dem Gebiet der Telekommunikation vor. Damit werden **alle** unternehmerischen Leistungsempfänger und juristische Personen des öffentlichen Rechts Steuerschuldner bei sämtlichen sonstigen Leistungen auf dem Gebiet der Telekommunikation von leistenden ausländischen Unternehmern.

Beispiel 25:
Der Unternehmer T (Prag, Tschechien) erbringt an U (München) eine VoIP-Dienstleistung.

Lösung:
Es handelt sich um eine sonstige Leistung, deren Ort sich nach § 3a (2) UStG bestimmt und in München liegt (vgl. auch A. 3a.10 (2) Satz 2 Nr. 2 UStAE). Der Umsatz ist in Deutschland steuerbar und nicht befreit. Der Unternehmer U als Leistungsempfänger ist nach § 13b (2) Nr. 1 iVm (5) Satz 1 UStG verpflichtet, die Umsatzsteuer für die steuerpflichtige Leistung des T (ausländischer Unternehmer) abzuführen (§ 13b (2) Nr. 1 hat Vorrang vor § 13b (2) Nr. 12 UStG).

Erbringt ein in Deutschland ansässiger Unternehmer eine sonstige Leistung auf dem Gebiet der Telekommunikation und befindet sich der Ort dieser Leistung nach den UStG-Ortsvorschriften im Inland, ist der Leistungsempfänger Steuerschuldner unabhängig davon, ob der Leistungsempfänger die bezogene Leistung (Eingangsleistung) wiederum für eine sonstige Leistung auf dem Gebiet der Telekommunikation als Ausgangsleistung verwendet, wenn er ein Unternehmer ist, der nachhaltig entsprechende Leistungen erbringt (§ 13b (5) Satz 8 UStG).

Von der **nachhaltigen Erbringung von sonstigen Leistungen auf dem Gebiet der Telekommunikation** ist auszugehen, wenn dem Leistungsempfänger eine im Zeitpunkt der Ausführung des Umsatzes gültige USt-1-TQ-Bescheinigung (Anlage 12) darüber erteilt wurde, dass er ein Unternehmer ist, der derartige Leistungen erbringt. Das Finanzamt erteilt dem Leistungsempfänger die USt-1-TQ-Bescheinigung, wenn er die im A. 13b.7b (2) UStAE genannten Voraussetzungen erfüllt.

Erbringt in einer Organschaft nur ein Teil des Organkreises (z.B. der Organträger oder eine Organgesellschaft) nachhaltig sonstige Leistungen auf dem Gebiet der Telekommunikation, ist der Organträger nur für die Leistungen Steuerschuldner, die <u>an diesen Teil des Organkreises</u> erbracht werden (A. 13b.7b (5) UStAE).

Das für den Leistungsempfänger zuständige Finanzamt hat die USt-1-TQ-Bescheinigung auf Antrag auszustellen, wenn die hierfür erforderlichen Voraussetzungen gegeben sind. Die Bescheinigung kann auch von Amts wegen erteilt werden, wenn das zuständige Finanzamt feststellt, dass die erforderlichen Voraussetzungen erfüllt sind. Leistungsempfänger sollten rechtzeitig klären, ob sie die Voraussetzungen für die Erteilung der USt-1-TQ-Bescheinigung erfüllen, und wenn das vorliegt, schnellstens die Ausstellung beantragen. Ansonsten besteht die Gefahr, dass die Finanzverwaltung von Amts wegen (rückwirkend) die Bescheinigung ausstellt. Der Leistungsempfänger wäre dann in einem solchen Fall Steuerschuldner nach § 13b UStG (auch wenn er die Bescheinigung gegenüber dem leistenden Unternehmer nicht verwendete, weil er diese nicht beantragt hatte).

Die USt-1-TQ-Bescheinigung kann nur für die Zukunft zurückgenommen oder widerrufen werden. Der leistende Unternehmer ist in einem solchen Fall wieder Steuerschuldner. Hat dieser vom Widerruf aber keine Kenntnis und hat er keine Kenntnis haben können, wird es nicht beanstandet, wenn weiterhin unter Anwendung des § 13b UStG abgerechnet wird. Allerdings genießt der leistende Unternehmer nur dann Vertrauensschutz, wenn der Leistungsempfänger die Besteuerung in zutreffender Höhe vorgenommen hat (analog Bauleistungen, vgl. A. 13b.7b (4) Satz 2 ff. UStAE). Da für den leistenden Unternehmer die Gefahr besteht, dass der Leistungsempfänger die Besteuerung nicht ordnungsgemäß vornimmt, sollte der leistende Unternehmer bei jedem Umsatz auf der Vorlage einer gültigen USt-1-TQ-Bescheinigung (Anlage 12) des Leistungsempfängers bestehen. Denn in Zweifelsfällen wird der leistende Unternehmer nachzuweisen haben, dass er keine Kenntnis vom Widerruf der Bescheinigung hatte und auch keine Kenntnis haben konnte.

Hat das Finanzamt dem Leistungsempfänger eine USt-1-TQ-Bescheinigung ausgestellt, ist er auch dann als Leistungsempfänger Steuerschuldner, wenn er diesen Nachweis gegenüber dem leistenden Unternehmer nicht verwendet (A. 13b.7b (4) Satz 1 UStAE). Das hat dann für den Leistungsempfänger erhebliche Folgen. Da der Leistende in so einem Fall USt berechnet hat, ist die Rechnung falsch (§ 14c-Fall) und dem Leistungsempfänger wird der Vorsteuerabzug aus der Rechnung gestrichen.

Im Zusammenhang mit der USt-1-TQ-Bescheinigung ist die Information des Bayerischen Landesamtes für Steuern vom 26.11.2014 zu den Bauleistungen <u>analog</u> anzuwenden:

- Der Leistungsempfänger einer sonstigen Leistung auf dem Gebiet der Telekommunikation händigt die gültige USt-1-TQ-Bescheinigung dem Leistenden aus. Diese dient dem Leistenden als Sicherheit und bedeutet, dass der Leistende die Leistung netto (ohne ausgewiesene USt) abzurechnen hat. <u>Nicht erforderlich ist, dass der Leistende selbst über eine eigene USt-1-TQ-Bescheinigung verfügt</u>.

- Wurde dem Leistungsempfänger vom Finanzamt eine USt-1-TQ-Bescheinigung erteilt, erbringt er jedoch nicht nachhaltig sonstige Leistungen auf dem Gebiet der Telekommunikation, ist der Leistungsempfänger dennoch Steuerschuldner.

- Wenn der Leistungsempfänger über keine USt-1-TQ-Bescheinigung verfügt, jedoch nachhaltig sonstige Leistungen auf dem Gebiet der Telekommunikation erbringt, geht die Steuerschuld auch ohne Vorhandensein einer USt-1-TQ-Bescheinigung auf den Leistungsempfänger über.

- Die Finanzverwaltung erteilt keine Negativbescheinigungen. Sollten die Voraussetzungen für die Erteilung einer USt-1-TQ-Bescheinigung nicht vorliegen, erfolgt eine schriftliche Ablehnung des Antrages. Diese Ablehnung ist jedoch nur eine Momentaufnahme und entfaltet keine rechtliche Bindung für die Zukunft.

Beispiel 26:

Der Unternehmer U (Nürnberg) nimmt eine sonstige Leistung auf dem Gebiet der Telekommunikation des Unternehmers S (Fürth) in Anspruch und verwendet gegenüber S eine im Leistungszeitpunkt gültige USt-1-TQ-Bescheinigung.

Lösung:

Es handelt sich um eine sonstige Leistung, deren Ort sich nach § 3a (2) UStG bestimmt und in Nürnberg liegt (vgl. auch A. 3a.10 (2) Satz 2 Nr. 2 UStAE). Der Umsatz ist in Deutschland steuerbar und nicht befreit. Der Unternehmer U als Leistungsempfänger ist nach § 13b (2) Nr. 12 iVm (5) Satz 6 UStG verpflichtet, die Umsatzsteuer für die steuerpflichtige Leistung des S abzuführen. Ob U die von S bezogene Leistung unmittelbar weiter „verkauft" ist unbeachtlich.

Bestehen Zweifel, ob § 13b (2) Nr. 12 Anwendung findet, wird auf den Gliederungspunkt 5 verwiesen.

Der Übergang der Steuerschuld auf den Leistungsempfänger nach § 13b (2) Nr. 12 UStG ist nur anzuwenden, wenn der Leistungsempfänger ein Unternehmer ist (§ 13b (5) Satz 6 erster Halbsatz UStG).

Die Steuerschuldnerschaft nach § 13b UStG ist auch anzuwenden, wenn die Leistung für den nichtunternehmerischen Bereich des Leistungsempfängers bezogen wurde (§ 13b (5) Satz 7 UStG). Eine Ausnahme hiervon gibt es nur für bestimmte (im Gesetz genannte) Sonderfälle, wenn der Leistungsempfänger eine juristische Person des öffentlichen Rechts ist (§ 13b (5) Satz 11 UStG).

3.14. Schnellreaktionsmechanismus

Durch § 13b (10) UStG wird der BMF ermächtigt, durch Rechtsverordnung den Umfang der Steuerschuldnerschaft des Leistungsempfängers nach § 13b UStG kurzfristig zu erweitern (Schnellreaktionsmechanismus). Dabei ist lediglich die Zustimmung des Bundesrates (aber nicht des Bundestages) erforderlich.

Liegen konkrete Hinweise vor, die den Verdacht für erhebliche Steuerhinterziehungen rechtfertigen, oder gibt es Informationen über verwirklichte Steuerhinterziehungen, soll das BMF kurzfristig reagieren können.

Die Erweiterung der Steuerschuldnerschaft des Leistungsempfängers ist dann (zunächst) zeitlich beschränkt auf maximal 9 Monate. Nur wenn der EU-Rat die Erweiterung des § 13b UStG entsprechend Art. 199b iVm Art. 395 EU-MwStSystRL bestätigt, darf Deutschland unbefristet daran festhalten. Verweigert der EU-Rat die Ermächtigung, endet die Maßnahme spätestens nach 9 Monaten.

4. Zolltarifnummern

In bestimmten Fällen des § 13b UStG ist für die Einordnung der Gegenstände der **Zolltarif** maßgebend (vgl. Ausführungen in diesem Buch zum § 13b (2) Nr. 7, 9, 10, und 11 UStG).

Für die Eingruppierung in den Zolltarif ist aber nicht das Finanzamt, sondern die Zollverwaltung zuständig.

Die am Umsatz beteiligten Unternehmer haben bei Zweifeln die Möglichkeit, bei der Zollverwaltung eine **Zolltarifauskunft** für Umsatzsteuerzwecke (uvZTA, Zollvordruckmuster 0310) zu beantragen. Die Zollverwaltung teilt dann die Zolltarifnummer mit (vgl. z.B. A. 13b.4 (1) letzte Sätze UStAE). Im Internet hat die

Zollverwaltung unter „www.zoll.de" dafür weitere Informationen und das Antragsformular eingestellt (dort nach „uvZTA" suchen).

5. Zweifelsfälle

Sind Leistungsempfänger und leistender Unternehmer **in Zweifelsfällen** <u>übereinstimmend</u> vom Vorliegen der Voraussetzungen bei

- Bauleistungen iSd § 13b (2) Nr. 4 UStG

- Lieferungen von Erdgas und Elektrizität iSd § 13b (2) Nr. 5b UStG

- Übertragung bestimmter Berechtigungen iSd § 13b (2) Nr. 6 UStG

- Schrott-/Abfallstoff-Lieferungen iSd § 13b (2) Nr. 7 UStG

- Gebäudereinigung iSd § 13b (2) Nr. 8 UStG

- Goldlieferungen iSd § 13b (2) Nr. 9 UStG

- Lieferungen von Mobilfunkgeräten, Tablet-Computern, Spielekonsolen und integrierten Schaltkreisen iSd § 13b (2) Nr. 10 UStG

- Metall-Lieferungen iSd § 13b (2) Nr. 11 UStG

- sonstige Leistungen auf dem Gebiet der Telekommunikation iSd § 13b (2) Nr. 12 UStG

ausgegangen, obwohl dies nach der Art der Umsätze unter Anlegung objektiver Kriterien nicht zutreffend war, gilt der Leistungsempfänger dennoch als Steuerschuldner, sofern dadurch keine Steuerausfälle entstehen (§ 13b (5) Satz 8 UStG, A. 13b.8 UStAE). <u>Diese Regelung gilt aber nicht, wenn fraglich war, ob die Voraussetzungen hierfür **in der Person** der beteiligten Unternehmer (z.B. die Eigenschaft als Bauleistender) erfüllt sind (A. 13b.8 (2) UStAE)</u>

Soll die Regelung angewendet werden, sollte zur Rechtssicherheit über die „Übereinstimmung" eine schriftliche Erklärung erstellt werden (**Muster siehe Anlage 6 bis 8**). Diese „Nichtbeanstandungsregelung" steht aber im **Widerspruch** zum BFH-Urteil vom 22.08.2013, da laut BFH die Anwendung des § 13b UStG nicht zur Disposition der Beteiligten steht. Die diesbezügliche weitere Rechtsprechung bleibt abzuwarten. Es besteht die Gefahr, dass der BFH bzw. EuGH diese Regelung verwirft.

Die beteiligten Unternehmer sollten deshalb bei jedem Umsatz genau klären, ob der § 13b UStG greift, oder nicht anzuwenden ist. Wenn in diesem Buch Zolltarifnummern aufgeführt sind und diesbezüglich Zweifel bestehen, wird auf Gliederungspunkt 4 verwiesen.

6. Bezug der § 13b-Leistung beim Leistungsempfänger

Die Steuerschuldnerschaft des Leistungsempfängers für die in § 13b UStG bezeichneten Leistungen erstreckt sich sowohl auf Umsätze, die für das Unternehmen bezogen werden als auch auf Umsätze, die für den nichtunternehmerischen Bereich des Unternehmers bestimmt sind (§ 13b (5) Satz 7 UStG). Eine Ausnahme hiervon gibt es nur für bestimmte (im Gesetz genannte) Sonderfälle, wenn der Leistungsempfänger eine juristische Person des öffentlichen Rechts ist (§ 13b (5) Satz 11 UStG).

Beispiel 27:
> Für den Unternehmer U (Nürnberg) plant der Architekt F (Paris, Frankreich) die Errichtung eines selbstgenutzten Einfamilienhauses in Erlangen.

Lösung:
> Es handelt sich um eine sonstige Leistung, deren Ort sich nach § 3a (3) Nr. 1 UStG bestimmt und in Erlangen liegt. Der Umsatz ist in Deutschland steuerbar und nicht befreit. Der Unternehmer U als Leistungsempfänger ist nach § 13b (2) Nr. 1 iVm (5) Satz 1 zweiter Halbsatz UStG verpflichtet, die Umsatzsteuer für die steuerpflichtige Leistung des F (ausländischer Unternehmer) abzuführen.

Beispiel 28:
> Für den ausschließlich als Arbeitnehmer tätigen P (Nürn-

berg) plant der Architekt F (Paris, Frankreich) die Errichtung eines selbstgenutzten Einfamilienhauses in Erlangen.

Lösung:

Es handelt sich um eine sonstige Leistung, deren Ort sich nach § 3a (3) Nr. 1 UStG bestimmt und in Erlangen liegt. Der Umsatz ist in Deutschland steuerbar und nicht befreit. Der Architekt F als Leistender ist nach § 13a (1) Nr. 1 UStG verpflichtet, die Umsatzsteuer für seine in Deutschland steuerpflichtige Leistung abzuführen, er hat sich in Deutschand registrieren zu lassen und muss hier entsprechende Steuererklärungen abgeben. Der § 13b UStG greift hier nicht, da der Leistungsempfänger kein Unternehmer ist.

Beispiel 29:

Der Elektronikeinzelhändler E (Nürnberg) veräußert an den Spielzeuggroßhändler U (Fürth) mehrere defekte Elektrogeräte. Der U will daraus eine Beschallungs- und Lichtanlage im Partykeller seines privaten Einfamilienhauses „basteln".

Lösung:

Es handelt sich um Lieferungen (§ 3 (1) UStG), deren Ort sich nach § 3 (6) UStG bestimmt und in Nürnberg liegt. Der Umsatz ist in Deutschland steuerbar und nicht befreit. Der Unternehmer U als Leistungsempfänger ist nach § 13b (2) Nr. 7 iVm (5) Satz 1 zweiter Halbsatz iVm (5) Satz 7 UStG verpflichtet, die Umsatzsteuer für die steuerpflichtigen Lieferungen des E abzuführen.

Die Steuerschuldnerschaft des Leistungsempfängers nach § 13b UStG ist von Personen- und Kapitalgesellschaften nicht anzuwenden, **wenn** ein Unternehmer eine Leistung für den privaten Bereich eines (Mit-)Gesellschafters oder Anteilseigners erbringt, weil es sich hierbei um unterschiedliche Personen handelt (sinngemäße Anwendung des A. 13b.3 (11) UStAE).

6.1. Leistungen an juristische Personen des öffentlichen Rechts

Grundsätzlich schulden auch juristische Personen des öffentlichen Rechts die Steuer nach § 13b UStG und zwar auch dann, wenn diese im Rahmen von Betrieben gewerblicher Art unternehmerisch tätig sind.

Nach § 13b (5) Satz 11 UStG wird eine juristische Person des öffentlichen Rechts dann **nicht zum Steuerschuldner** nach § 13b UStG, <u>wenn</u> sie die Leistung <u>ausschließlich</u> für den nichtunternehmerischen Bereich bezieht (vgl. auch BMF-Schreiben vom 10.08.2016). **Diese Ausnahme ist aber <u>nur</u> anzuwenden für folgende §13b-Fälle:**

- Bauleistungen iSd § 13b (2) Nr. 4 UStG

- Lieferungen von Erdgas und Elektrizität iSd § 13b (2) Nr. 5b UStG

- Schrott-/Abfallstoff-Lieferungen iSd § 13b (2) Nr. 7 UStG

- Gebäudereinigung iSd § 13b (2) Nr. 8 UStG

- Goldlieferungen iSd § 13b (2) Nr. 9 UStG

- Lieferungen von Mobilfunkgeräten, Tablet-Computern, Spielekonsolen und integrierten Schaltkreisen iSd § 13b (2) Nr. 10 UStG

- Metall-Lieferungen iSd § 13b (2) Nr. 11 UStG

- sonstige Leistungen auf dem Gebiet der Telekommunikation iSd § 13b (2) Nr. 12 UStG

In diesen Fällen muss der Leistende den Leistungsempfänger befragen und die Antwort (zur Rechtssicherheit) aufbewahren. **Als Anlage 9 ist ein Vorschlag für einen diesbezüglichen Vordruck enthalten.**

7. Berechnungsgrundlage für die § 13b-Umsatzsteuer

Die Bemessungsgrundlage ist das Entgelt, das der Leistungs-empfänger aufwendet, um die Leistung zu erhalten. Der Begriff „Entgelt" ist regelmäßig <u>ohne</u> Umsatzsteuer zu verstehen, d.h. maßgebend ist der **Nettobetrag** (A. 13b.13 UStAE).

Liegt dem Leistungsempfänger im Zeitpunkt der Erstellung der Voranmeldung bzw. Jahreserklärung noch keine Rechnung des Leistenden vor, ist die § 13b-Steuer zu schätzen (A. 13b.15 (3) Satz 1 UStAE). Ergibt sich später eine andere Bemessungs-grundlage, ist dann eine Berichtigung in sinngemäßer Anwen-dung des § 17 UStG vorzunehmen (A. 13b.13 (4) Satz 3 UStAE).

Zur Umrechnung von Werten in fremder Währung vgl. A. 16.4 UStAE.

Der Leistungsempfänger hat bei der Steuerberechnung den Steuersatz zugrunde zu legen, der sich für den Umsatz nach den Vorschriften des Umsatzsteuergesetzes ergibt (A. 13b.13 (4) Satz 1 UStAE).

8. Steuerentstehung bei der § 13b-Umsatzsteuer

Bei der Steuerentstehung sind An-/Vorauszahlungen besonders zu betrachten. Diese liegen vor, wenn Zahlungen vor dem nach dem UStG maßgebenden Leistungszeitpunkt erfolgen.

Bei An-/Vorauszahlungen entsteht die entsprechende (auf die Zahlung entfallende) § 13b-Umsatzsteuer beim Leistungs-empfänger mit Ablauf des Voranmeldungszeitraums, in dem die Voraus- bzw. Anzahlung dem Leistenden zugeflossen ist (§ 13b (4) UStG; A. 13b.12 (3) Satz 1 UStAE). Aus Vereinfachungsgrün-den beanstandet es die Finanzverwaltung nicht, wenn der Leis-tungsempfänger die Steuer auf die An-/Vorauszahlung bereits in dem Voranmeldungszeitraum anmeldet, in dem die Beträge bei ihm abgeflossen sind (A. 13b.12 (3) Satz 2 UStAE).

Liegen die jeweiligen § 13b-Voraussetzungen im Zeitpunkt der Vereinnahmung einer der An-/Vorauszahlung nicht vor, schuldet der leistende Unternehmer die Umsatzsteuer. Erfüllt der Leistungsempfänger im Leistungszeitpunkt die § 13b-Voraussetzungen, bleibt die bisherige Besteuerung der An-/Vorauszahlungen beim leistenden Unternehmer bestehen, nur für den Rest ist der Leistungsempfänger Steuerschuldner (A. 13b.12 (3) Satz 3 u. 4 UStAE).

In den Fällen des § 13b (2) Nr. 10 und Nr. 11 UStG ist auch im Fall einer An-/Vorauszahlungsrechnung für die Prüfung der Betragsgrenze von 5.000 € auf den <u>gesamten</u> wirtschaftlichen Vorgang und nicht auf den Betrag in der An-/Vorauszahlungsrechnung abzustellen.

Liegt **keine Voraus- bzw. Anzahlung** vor, sind die Fälle des § 13b (1) UStG anders zu behandeln, als die Fälle des § 13b (2) UStG.

8.1. Steuerentstehung in den Fällen des § 13b (1) UStG

Liegt ein Fall des § 13b (1) UStG vor, entsteht die Steuer grundsätzlich mit Ablauf des Voranmeldungszeitraums, in dem die Leistung ausgeführt wurde. Wurden sonstige Leistungen dauerhaft über einen mehr als einjährigen Zeitraum erbracht, die unter § 13b (1) UStG fallen, entsteht die § 13b-Umsatzsteuer (anteilig) spätestens mit Ablauf eines jeden Kalenderjahres (§ 13b (3) UStG).

Beispiel 30:
    Es wurde eine sonstige Leistung erbracht, für die § 13b (1) UStG anzuwenden ist. Die Leistung erfolgte im März, das Rechnungsausstellungsdatum liegt im Mai.

Lösung:
    Die vom Leistungsempfänger für diese Leistung nach § 13b UStG geschuldete Umsatzsteuer ist in der Voranmeldung für März zu erklären.

8.2. Steuerentstehung in den Fällen des § 13b (2) UStG

Liegt ein Fall des § 13b (2) UStG vor, entsteht die Steuer grundsätzlich mit der Rechnungsausstellung, spätestens jedoch mit Ablauf des folgenden Kalendermonats, in dem die Leistung erbracht wurde. Wurden sonstige Leistungen dauerhaft über einen mehr als einjährigen Zeitraum erbracht, die unter § 13b (2) Nr. 1 UStG fallen, entsteht die § 13b-Umsatzsteuer (anteilig) spätestens mit Ablauf eines jeden Kalenderjahres (§ 13b (3) UStG).

Beispiel 31:

Es wurde eine Leistung erbracht, für die § 13b (2) UStG anzuwenden ist. Die Leistung erfolgte im März,
a.) das Rechnungsausstellungsdatum liegt im März.
b.) das Rechnungsausstellungsdatum liegt im April.
c.) das Rechnungsausstellungsdatum liegt im Mai.

Lösung:

Die vom Leistungsempfänger für diese Leistung nach § 13b UStG geschuldete Umsatzsteuer ist ...
a.) in der Voranmeldung für März zu erklären.
b.) in der Voranmeldung für April zu erklären.
c.) in der Voranmeldung für April zu erklären.

Beispiel 32:

Es wird eine sonstige Leistung erbracht, für die § 13b (2) Nr. 1 UStG anzuwenden ist. Die sonstige Leistung wird dauerhaft für die Zeit vom 01.07.2025 bis zum 30.06.2027 erbracht (= 24 Monate). Als Gesamtentgelt sind 2.400 € (netto) vereinbart. Die Leistung ist nach den deutschen Befreiungsvorschriften nicht befreit.

Lösung:

Die vom Leistungsempfänger für diese Leistung nach § 13b UStG geschuldete Umsatzsteuer ist zu 6/24 in der Voranmeldung für Dezember 2025 (= 19 % von 600 €), zu 12/24 in der Voranmeldung für Dezember 2026 (= 19 % von 1.200 €) und zu 6/24 in der Voranmeldung für Juni 2027 (= 19 % von 600 €) zu erklären.

9. Rechnungsanforderungen in § 13b-Fällen

Der leistende Unternehmer ist zur Ausstellung von Rechnungen auch in den Fällen verpflichtet, in denen nicht er, sondern der Leistungsempfänger Steuerschuldner der Umsatzsteuer ist.

Die Rechnung muss zur Rechtssicherheit der Betroffenen neben den allgemeinen Angaben auch einen Hinweis auf die Steuerschuldnerschaft enthalten. Der Hinweis ist fest vorgeschrieben und lautet (wenn deutsches Recht anzuwenden ist) „Steuerschuldnerschaft des Leistungsempfängers" (§ 14a (5) UStG, A. 13b.14 (1) Satz 3 UStAE). Ist der Umsatzort in einem anderen Staat, sind idR dessen Hinweistexte anzugeben. **Als Anlage 14 wurde eine Liste mit den EU-Staaten beigefügt, die entsprechende Hinweistexte aufführt.**

Fehlt der Hinweis, ist der Leistungsempfänger (wenn deutsches Recht anzuwenden ist) trotzdem Steuerschuldner (A. 13b.14 (1) Satz 4 UStAE). Es darf nicht unterstellt werden, dass alle Staaten das so handhaben. **!**

Wurde der Umsatzort nach § 3a (2) UStG bestimmt und schuldet der Leistungsempfänger die Steuer nach dem Reverse-Charge-Verfahren, hat der leistende Unternehmer in der Rechnung seine USt-IdNr und die USt-IdNr des Leistungsempfängers anzugeben (§ 14a (1) UStG).

In den Fällen der Steuerschuldnerschaft des Leistungsempfängers darf die Vereinfachungsregelung für Kleinbetragsrechnungen (Rechnungen bis 250 €) nicht angewendet werden (§ 33 Satz 3 UStDV), d.h., alle Anforderungen an eine ordnungsgemäße Rechnung sind gem. § 14 UStG zu erfüllen.

In der Rechnung über eine § 13b-Leistung ist gemäß § 14a UStG keine Umsatzsteuer auszuweisen.

Bei einem gesonderten Steuerausweis durch den leistenden Unternehmer entsteht eine **Doppelschuld**. Die ausgewiesene USt schuldet der leistende Unternehmer nach § 14c (1) UStG, so der BFH-Beschluss vom 31.05.2017 (Az. V B 5/17, vgl. auch A. 13b.14 (1) Satz 5 UStAE).

Ist die nach § 14c UStG geschuldete Steuer mit einer vom Leistungsempfänger nach § 13b UStG geschuldeten Umsatzsteuer materiell identisch, handelt es sich lt. BFH hierbei um einen zusätzlichen Steueranspruch des Fiskus gegenüber dem leistenden Unternehmer. Dieser Anspruch erlischt erst mit einer wirksamen Berichtigung nach § 14c (1) Satz 2 UStG.

Die Steuerschuld nach § 14c (1) UStG setzt weder voraus, dass aufgrund der Rechnung tatsächlich vom Leistungsempfänger ein Vorsteuerabzug in Anspruch genommen wurde, noch, dass eine konkrete Gefährdung des Steueraufkommens vorliegt. Der § 14c UStG formuliert abstrakte Gefährdungtatbestände. Die Verwirklichung der § 14c-Steuer ist nach dem eindeutigen Wortlaut der Vorschrift nicht davon abhängig, ob der Empfänger überhaupt Unternehmer bzw. zum Vorsteuerabzug berechtigt ist, so der BFH.

Die Berichtigung im Sinne des § 14c (1) UStG erfolgt durch Berichtigungserklärung gegenüber dem Leistungsempfänger. Dem Leistungsempfänger muss eine hinreichend bestimmte, schriftliche Berichtigung tatsächlich zugehen (A. 14c.1 (7) Satz 1 und 2 UStAE). Es können mehrere Berichtigungen in einer einzigen Korrekturmeldung zusammengefasst werden, wenn sich daraus erkennen lässt, auf welche Umsatzsteuerbeträge im Einzelnen sich die Berichtigung beziehen soll (A. 14c.1 (7) Satz 3 UStAE).

Hat der Leistungsempfänger aus einem Umsatz, der § 13b UStG unterliegt, fälschlicherweise Vorsteuer geltend gemacht, hat er diese Steuer an das Finanzamt zurückzuzahlen. Die Rückzahlung ist für den Besteuerungszeitraum vorzunehmen, in dem die Vorsteuer abgezogen wurde.

Bei einer Rechnungsberichtigung im Sinne des § 14c (1) Satz 2 UStG, d.h. bei einer Berichtigung des Steuerbetrages gegenüber dem Leistungsempfänger, ist die Berichtigung für den Besteuerungszeitraum vorzunehmen, in welchem dem Leistungsempfänger die berichtigte Rechnung erteilt wurde. Die Rechnungsberichtigung wirkt **nicht auf den Zeitpunkt zurück**, in dem die Rechnung erstmals (falsch) ausgestellt wurde (A. 14c.1 (5) Satz 3 UStAE).

Wurde ein zu hoch ausgewiesener Rechnungsbetrag bereits vereinnahmt und steht dem Leistungsempfänger aus der Rechnungsberichtigung ein Rückforderungsanspruch zu, ist die Berichtigung des geschuldeten Mehrbetrags <u>erst nach</u> einer entsprechenden Rückzahlung an den Leistungsempfänger zulässig (A. 14c.1 (5) Satz 4 UStAE). Die Rückzahlung an den Leistungsempfänger kann auch im Wege der Abtretung erfolgen (A. 14c.1 (5) Satz 4 und 5 UStAE).

10. Vorsteuerabzug der § 13b-Umsatzsteuer

Der Leistungsempfänger kann die von ihm geschuldete Umsatzsteuer grundsätzlich als Vorsteuer abziehen, wenn er die Lieferung oder sonstige Leistung für sein Unternehmen bezieht und zur Ausführung von Umsätzen verwendet, die den Vorsteuerabzug nicht ausschließen (§ 15 (1) Nr. 4 UStG; A. 13b.15 UStAE).

Eine Rechnung wird zum Vorsteuerabzug bei § 13b-Fällen nicht benötigt (A. 15.10 (1) UStAE), folglich kann diese auch falsch ausgestellt sein.

Liegt dem Leistungsempfänger im Zeitpunkt der Erstellung der Voranmeldung bzw. Umsatzsteuerjahreserklärung, in der der Umsatz anzumelden ist, keine Rechnung vor, muss er die Bemessungsgrundlage **schätzen**. Die von ihm angemeldete Steuer kann er im gleichen Besteuerungszeitraum unter den weiteren Voraussetzungen des § 15 UStG als Vorsteuer abziehen (A. 13b.15 (3) UStAE).

Wird in einer Rechnung für einen Umsatz nach § 13b UStG Steuer ausgewiesen, ist dies ein Verstoß (vgl. A. 13b.14 (1) UStAE) und die ausgewiesene Steuer wird nach § 14c (1) UStG geschuldet. Der Leistungsempfänger ist nicht zum Vorsteuerabzug aus der Rechnung berechtigt (A. 15.2 (1) Satz 2 UStAE; OFD-Karlsruhe, Verfügung v. 25.09.2012, Az. S 7282 - Karte 2).

Beispiel 33:
Der Unternehmer U (Nürnberg) nutzt für seine Verkäufe die Internetplattform der Firma „ibe Ltd". Für die Nutzung stellt „ibe Ltd" 100 € zuzüglich 19 € deutscher USt in

Rechnung. Zwar ist in der Rechnung eine deutsche USt-IdNr angegeben, aber aus der Rechnung ist auch ersichtlich, dass die Firma in Luxemburg ansässig ist. Weitere Unterlagen zum Sitz der „ibe Ltd" liegen dem U nicht vor.

Lösung:

Es handelt sich um eine sonstige Leistung (§ 3 (9) UStG), deren Ort sich nach § 3a (2) UStG bestimmt und in Nürnberg liegt. Der Umsatz ist in Deutschland steuerbar und nicht befreit. Da für die Anwendung des § 13b (1) UStG die Ansässigkeit und nicht die Registrierung maßgebend ist, schuldet der Unternehmer U als Leistungsempfänger die Steuer (§ 13b (1) iVm (5) Satz 1 erster Halbsatz UStG).

Ist es für den Leistungsempfänger ungewiss, ob der leistende Unternehmer im Zeitpunkt der Leistung im Inland ansässig ist (z.B. weil die Standortfrage in rechtlicher oder tatsächlicher Hinsicht unklar ist, oder die Angaben des leistenden Unternehmers zu Zweifeln Anlass geben), darf der Leistungsempfänger von der Anwendung der Vorschrift nur absehen, wenn der leistende Unternehmer dem Leistungsempfänger eine Finanzamtsbescheinigung vorlegt, aus der sich ergibt, dass der Leistende im Inland ansässig ist (A. 13b.11 (3) UStAE).

Da dem U eine solche Bescheinigung nicht vorliegt, ist der U verpflichtet, die Umsatzsteuer für die steuerpflichtige Leistung der „ibe Ltd" (im übrigen EU-Gebiet ansässiger Unternehmer) abzuführen. Einen Vorsteuerabzug aus der Rechnung hat U nicht, da diese Steuer fälschlich ausgewiesen wurde (§ 14c UStG iVm A. 15.2 (1) Satz 2 UStAE). Der Vorsteuerabzug der § 13b-Steuer ist dagegen zulässig (A. 13b.15 (2) UStAE).

Der Zeitpunkt des Vorsteuerabzugs ist an die Entstehung der Umsatzsteuer gebunden. In der Voranmeldung, in der die Umsatzsteuer erklärt wird, darf auch die Vorsteuer abgezogen werden (§ 15 (1) Nr. 4 UStG iVm A. 13b.15 UStAE). Soweit die Steuer auf eine Zahlung vor Ausführung dieser Leistung entfällt, ist sie bereits abziehbar, wenn die Zahlung geleistet wurde.

11. Kleinunternehmer und § 13b UStG

In der Praxis gibt es häufig Probleme, wenn eine Leistung iSd § 13b UStG vorliegt und ein Kleinunternehmer iSd § 19 UStG beteiligt ist. Dazu muss man zwei Fälle unterscheiden:

- **Der Leistende ist Kleinunternehmer**
  Die Steuerschuldnerschaft des Leistungsempfängers ist nicht anzuwenden, wenn der leistende Unternehmer Kleinunternehmer und bei ihm der Umsatz nach § 19 UStG steuerfrei ist, denn § 13b UStG „greift" nur für steuerpflichtige Umsätze. Daraus folgt, dass der Leistende eine Nettorechnung mit Hinweis auf die Steuerfreiheit nach § 19 UStG erstellen muss. Die Rechnung darf keinen Hinweis auf § 13b UStG enthalten.

- **Der Leistungsempfänger ist Kleinunternehmer**
  Der Leistungsempfänger schuldet hier ganz normal die Steuer nach § 13b UStG, siehe A. 13b.1 (1) UStAE: „Unternehmer und juristische Personen schulden als Leistungsempfänger für bestimmte an sie im Inland ausgeführte steuerpflichtige Umsätze die Steuer. Dies gilt sowohl für im Inland ansässige als auch für im Ausland ansässige Leistungsempfänger. Auch Kleinunternehmer (§ 19 UStG), pauschalversteuernde Land- und Forstwirte (§ 24 UStG) und Unternehmer, die ausschließlich steuerfreie Umsätze tätigen, schulden die Steuer".

12. Aufzeichnungspflichten in § 13b-Fällen

Zu den Aufzeichnungspflichten in § 13b-Fällen vgl. A. 13b.17 UStAE.

13. Erweiterte Angaben für Reverse-Charge-Umsätze in der Zusammenfassenden Meldung (ZM)

Der leistende Unternehmer hat auch dann eine Zusammenfassende Meldung (ZM) abzugeben, wenn er sonstige Leistungen an in anderen EU-Mitgliedstaaten ansässige Leistungsempfänger erbracht hat und der Umsatzort nach § 3a (2) UStG in einem

---

anderen EU-Mitgliedstaat lag **und** für diese die Leistungsempfänger die Steuer schulden, also <u>das dort gültige</u> Reverse-Charge-Verfahren greift (§ 18a (7) Nr. 3 UStG).

In der ZM ist dann die USt-IdNr jedes einzelnen Leistungsempfängers und die Summe der Bemessungsgrundlage der an ihn erbrachten Leistungen anzugeben.

Die Angaben in der ZM sind für die o.g. Umsätze für den Meldezeitraum zu machen, in dem der Umsatz ausgeführt worden ist (<u>Leistungszeitpunkt</u>, § 18a (8) Satz 2 UStG). Das gilt auch für An-/Vorauszahlungen.

Hat das Finanzamt den Unternehmer von der Verpflichtung zur Abgabe der Voranmeldungen und Entrichtung der Vorauszahlungen befreit, bestehen Besonderheiten, auf die hier nicht weiter eingegangen werden soll (vgl. § 18a (9) UStG).

Besonders muss in diesem Zusammenhang auf die Sanktionsmöglichkeiten bei Nichtabgabe oder Abgabe einer unrichtigen oder unvollständigen Zusammenfassenden Meldung hingewiesen werden (vgl. § 18a (11) UStG).

In mehreren Berichten des Bundesrechnungshofes (an den Finanzausschuss des Deutschen Bundestages) wird beanstandet, dass von der Finanzverwaltung nur sehr wenige Bußgeldverfahren wegen Nichtabgabe oder Abgabe unrichtiger oder unvollständiger Zusammenfassenden Meldungen eingeleitet werden. Es kann davon ausgegangen werden, dass die Finanzverwaltung im Hinblick auf nicht abgegebene oder unrichtige Zusammenfassende Meldungen zunehmend Bußgeldverfahren einleitet.

Liegt der Umsatzort nach den Ortsvorschriften in einem Drittstaat <u>oder</u> bestimmt sich der Umsatzort nach den Ortsvorschriften **nicht** nach § 3a (2) UStG, ist dieser Umsatz **nicht** in der Zusammenfassenden Meldung aufzuführen.

14. Angaben von Reverse-Charge-Umsätzen in der USt-Voranmeldung bzw. USt-Jahreserklärung

In der USt-Voranmeldung bzw. USt-Jahreserklärung sind auch Reverse-Charge-Umsätze anzugeben. Dabei ist zu unterscheiden, ob es sich um die Eintragungen des Leistenden oder des Leistungsempfängers handelt.

Leistender in einer USt-Voranmeldung für 2025

Zeile	Kennziffer	Umsatz
34	60	Lieferungen und sonstige Leistungen, deren Umsatzort nach deutschem UStG im Inland liegt und die hier steuerpflichtig sind und für die der Leistungsempfänger die USt nach § 13b UStG schuldet. Zum Eintragungszeitpunkt siehe Gliederungspunkt 8 (Analoganwendung).
35	21	Sonstige Leistungen deren Umsatzort nach § 3a (2) UStG im übrigen EU-Gebiet liegt und die nach dem dortigen USt-Recht steuerbar und steuerpflichtig sind und für die der im EU-Ausland ansässige Leistungsempfänger die USt schuldet (§ 18b Satz 1 Nr. 2 UStG). Einzutragen in der VA des Leistungsausführungszeitpunkts (§ 18b Satz 3 UStG), auch bei An-/Vorauszahlungen.
36	45	Lieferungen und sonstige Leistungen, deren Umsatzort nach deutschem UStG im Ausland liegt und die nicht in Zeile 35 einzutragen sind. Ob der Leistungsempfänger die USt nach dem dortigen USt-Recht schuldet, ist unbeachtlich. Zum Eintragungszeitpunkt siehe Gliederungspunkt 8 (Analoganwendung).

Leistungsempfänger in einer USt-Voranmeldung für 2025

Einzutragen in der VA der Entstehung (siehe Gliederungspunkt 8).		
Zeile	Kennziffer	Umsatz
30	46 + 47	Umsätze, die unter § 13b (1) iVm (5) des deutschen UStG fallen (siehe Gliederungspunkt 3.1).
31	73 + 74	Umsätze, die unter § 13b (2) Nr. 3 iVm (5) des deutschen UStG fallen (siehe Gliederungspunkt 3.4).
32	84 + 85	Umsätze, die unter § 13b (2) Nr. 1, Nr. 2 und Nr. 4 bis 12 iVm (5) des deutschen UStG fallen (siehe Gliederungspunkt 3.2, 3.3 und 3.5 bis 3.13).
41	67	Abziehbare Vorsteuerbeträge der § 13b-Umsatzsteuer.

Leistender in einer USt-Jahreserklärung für 2025

Zeile	Kennziffer	Umsatz
70	209	Lieferungen und sonstige Leistungen, deren Umsatzort nach deutschem UStG im Inland liegt und die hier steuerpflichtig sind und für die der Leistungsempfänger die USt nach § 13b UStG schuldet. Zum Eintragungszeitpunkt siehe Gliederungspunkt 8 (Analoganwendung).
74	721	Sonstige Leistungen deren Umsatzort nach § 3a (2) UStG im übrigen EU-Gebiet liegt und die nach dem dortigen USt-Recht steuerbar und steuerpflichtig sind und für die der im EU-Ausland ansässige Leistungsempfänger die USt schuldet (§ 18b Satz 1 Nr. 2 UStG). Einzutragen in der Erklärung des Leistungsausführungszeitpunkts (§ 18b Satz 3 iVm Satz 6 UStG), auch bei An-/Vorauszahlungen.
75	205	Lieferungen und sonstige Leistungen, deren Umsatzort nach deutschem UStG im Ausland liegt und die nicht in Zeile 35 einzutragen sind. Ob der Leistungsempfänger die USt nach dem dortigen USt-Recht schuldet, ist unbeachtlich. Zum Eintragungszeitpunkt siehe Gliederungspunkt 8 (Analoganwendung).

Leistungsempfänger in einer USt-Jahreserklärung für 2025

Einzutragen in der Erklärung der Entstehung (siehe Gliederungspunkt 8).		
Zeile	Kennziffer	Umsatz
65	846 + 847	Umsätze, die unter § 13b (1) iVm (5) des deutschen UStG fallen (siehe Gliederungspunkt 3.1).
66	873 + 874	Umsätze, die unter § 13b (2) Nr. 3 iVm (5) des deutschen UStG fallen (siehe Gliederungspunkt 3.4).
67	877 + 878	Umsätze, die unter § 13b (2) Nr. 1, Nr. 2 und Nr. 4 bis 12 iVm (5) des deutschen UStG fallen (siehe Gliederungspunkt 3.2, 3.3 und 3.5 bis 3.13).
83	467	Abziehbare Vorsteuerbeträge der § 13b-Umsatzsteuer.

15. Nichtbeachtung des Reverse-Charge-Verfahrens

In Deutschland können Sanktionen verhängt werden, wenn die Steuerschuldnerschaft des Leistungsempfängers nach § 13b UStG nicht angewendet wird.

Nicht nur in Deutschland, sondern auch in anderen Staaten gibt es Sanktionsmöglichkeiten.

Liegt der Umsatzsort nach den Ortsvorschriften nicht in Deutschland, sondern in einem anderen Staat, gelten auch dessen Sanktionsvorschriften. Diese sind überwiegend viel härter und greifen viel eher als in Deutschland, schon bei kleinsten „Vergehen" werden in vielen Staaten erhebliche Sanktionen verhängt.

In dem vom EuGH mit Urteil vom 26.04.2017 (Rs. C-564/15) entschiedenen Fall hatte der Lieferer trotz vorgeschriebener Anwendung der Steuerschuldnerschaft des Leistungsempfängers (Reverse-Charge-Verfahren, in Deutschland § 13b UStG) Umsatzsteuer ausgewiesen.

Die (ungarische) Finanzverwaltung strich den Vorsteuerabzug aus der Rechnung, versteuerte den Leistungsbezug als Reverse-Charge und gewährte lediglich den Vorsteuerabzug aus dem Reverse-Charge.

Der EuGH bestätigte die Rechtsauffassung der (ungarischen) Finanzbehörde insoweit, dass kein Recht auf Vorsteuerabzug aus der Rechnung besteht.

Der Leistungsempfänger kann vom Verkäufer die Rückzahlung der an ihn gezahlten USt verlangen. Ist dies unmöglich oder übermäßig schwierig (insbesondere bei Zahlungsunfähigkeit des Verkäufers), hat der Leistungsempfänger das Recht, einen Antrag auf Erstattung unmittelbar an die Steuerbehörde zu richten (Billigkeitsverfahren).

Im entschiedenen Fall hatte der Leistungsempfänger dieses Recht, da beim Verkäufer die Eröffnung des Insolvenzverfahrens vorlag und der Käufer keine Aussicht auf Rückzahlung des USt-Betrages hatte. Allerdings muss der Verkäufer die in der Rechnung ausgewiesene USt an den Fiskus abgeführt haben und es dürfen keine Anhaltspunkte für eine Steuerhinterziehung vorliegen.

Außerdem hatte die (ungarische) Finanzverwaltung im entschiedenen Fall eine Geldbuße in Höhe von 50 % des Steuerbetrages gegen den Leistungsempfänger verhängt, da die Steuerschuldnerschaft des Leistungsempfängers ursprünglich von diesem nicht vorgenommen wurde.

Der EuGH stellt im o.g. Urteil fest, dass die EU-Mitgliedstaaten bei Nichtbeachtung einer Vorschrift, mangels einer harmonisierten EU-Regelung, die Sanktionen wählen können, die ihnen sachgerecht erscheinen. Allerdings muss bei der Ausübung dieser Befugnis der allgemeine <u>Grundsatz der Verhältnismäßigkeit</u> beachtet werden.

Derartige Sanktionen dürfen also nicht über das hinausgehen, was zur Erreichung der Ziele erforderlich ist, die genaue Erhebung der Steuer sicherzustellen und Steuerhinterziehungen zu verhindern. Es ist Sache der jeweiligen nationalen Gerichte zu beurteilen, ob die Höhe der Sanktion nicht über das hinausgeht, was zur Erreichung der genannten Ziele erforderlich ist.

Eine Geldbuße in Höhe von (pauschal) 50 % des Steuerbetrags hält der EuGH für unverhältnismäßig, wenn der Steuerverwaltung keine Steuereinnahmen entgangen sind und keine Anhaltspunkte für eine Steuerhinterziehung vorliegen, was zu prüfen Sache der jeweiligen nationalen Gerichte ist. Bei einer <u>Herabsetzung der Sanktion</u> sind alle Umstände des Falles abzuwägen, insbesondere die Höhe des Steuerrückstands, die Umstände seiner Entstehung sowie die **Schwere** <u>und</u> **Häufigkeit** des rechtswidrigen Verhaltens des Steuerpflichtigen.

Das EuGH-Urteil bezog sich auf die EU und nicht auf Drittstaaten. In Drittstaaten ist zu beachten, dass es häufig nicht nur Vorschriften für Buß- oder Strafgelder, sondern auch Tätigkeits- bzw. Im-/Exportverbote (zeitlich begrenzt und auch zeitlich unbegrenzt) gibt. Ein- bzw. Ausreiseverbote (auch für Arbeitnehmer des Steuerpflichtigen) sind in einigen Drittstaaten gängige Sanktionen, wenn gegen steuerliche Vorschriften verstoßen wird.

Im Übrigen hat die deutsche Finanzverwaltung mit sehr vielen Staaten Amtshilfeabkommen geschlossen, die auch den Austausch von Kontrollmitteilungen beinhalten. So werden zum Beispiel von einem deutschen Finanzamtsprüfer auch Kontrollmitteilungen an die französische Finanzverwaltung gesandt. Sollte dann die französische Finanzbehörde feststellen, dass der deutsche Unternehmer bestimmte französische Vorschriften nicht beachtet hat, wird die französische Finanzverwaltung tätig.

Die deutsche Finanzbehörde hat im Rahmen des Amtshilfeabkommens auch ein Vollstreckungsabkommen mit Frankreich. Sollten also von der französischen Finanzverwaltung festgesetzte Sanktionsbeträge durch den deutschen Unternehmer nicht gezahlt worden sein, vollstreckt die deutsche Finanzbehörde diese französischen Beträge und leitet sie an die französische Finanzverwaltung weiter. Auch zu dieser Problematik kann die zuständige AHK Auskunft geben (siehe unter Gliederungspunkt 1.1).

Anlage 1 (Bauleistungen im Sinne des § 13b (2) Nr. 4 UStG)

Grundsatz: Bauleistungen sind Werklieferungen und sonstige Leistungen, die der Herstellung, Instandsetzung, Instandhaltung, Änderung oder Beseitigung von Bauwerken dienen, mit Ausnahme von Planungs- und Überwachungsleistungen (§ 13b (2) Nr. 4 UStG). Der Begriff des Bauwerks ist weit auszulegen und umfasst nicht nur Gebäude, sondern darüber hinaus sämtliche irgendwie mit dem Erdboden verbundene oder infolge ihrer eigenen Schwere auf ihm ruhende, aus Baustoffen oder Bauteilen hergestellte Anlagen (vgl. A. 13b.2 (1) UStAE). Nebenleistungen teilen das Schicksal der Hauptleistung (A. 3.10 (5) und A. 13b.2 (4) UStAE).

▶▶▶ **Wichtig** ◀◀◀

Können Sachen, Ausstattungsgegenstände und Maschinen ohne erhebliche Veränderung eines Bauwerks bewegt werden (z.B. weil sie einfach an der Wand hängen bzw. mit Nägeln/Schrauben so am Boden oder an der Wand befestigt sind, dass nach ihrer Entfernung lediglich Spuren oder Markierungen zurückbleiben, die leicht überdeckt oder ausgebessert werden können), handelt es sich bei den Sachen, Ausstattungsgegenständen und Maschinen um keine Bauwerke. Für Werklieferungen und sonstige Leistungen von/an diesen Gegenständen greift daher die Steuerschuldnerschaft des Leistungsempfängers für Bauleistungen hier nicht. Können die Sachen, Ausstattungsgegenstände und Maschinen dagegen nur mit erheblicher Veränderung eines Bauwerks bewegt werden, handelt es sich bei Werklieferungen und sonstige Leistungen von/an diesen Gegenständen um Bauleistungen (A. 13b.1 (2) Nr. 6 Satz 3 iVm A. 13b.2. (5) Nr. 2 iVm A. 3a.3 (2) Satz 3 vierter Spiegelstrich UStAE).

---

amtliche Fundstellen (siehe **rechte Spalte** in der nachfolgenden Tabelle):

1 = Bundeseinheitliches Handbuch für die USt-Sonderprüfung, Teil II, Nr. 19a, Anlage

2 = OFD-Frankfurt, Verfügung vom 10.10.2012, Az. S 7279 A - 14 - St 113

3 = OFD-Karlsruhe, Verfügung vom 31.01.2017, Az. S 7279 - Karte 1

4 = OFD-Frankfurt, Verfügung vom 13.08.2009, Az. S 7279 A - 14 - St 113

5 = OFD-Hannover, Verfügung vom 07.03.2007, Az. S 7279 - 4 - StO 183

6 = BMF-Schreiben vom 09.12.2013, Az. IV D 3 - S 7279/13/10001

7 = OFD-Niedersachsen, Verfügung vom 05.10.2016, Az. S 7279 - 4 - St 185

8 = BMF-Schreiben vom 26.09.2014, Az. IV D 3 - S 7279/14/10002

9 = BMF-Schreiben vom 28.07.2015, Az. III C 3 - S 7279/14/10003 (2015/0593552)

10 = BMF-Schreiben vom 10.08.2016, Az. III C 3 - S 7279/16/10001 (2016/0745510)

- = USt-Anwendungserlass (UStAE), konsolidierte Fassung vom 31.03.2025

© Ihr-Ziel.de Pede

Leistungsbeschreibung	§ 13b (2) Nr. 4 UStG		amtliche Fundstellen
	Ja	Nein	
Abbrucharbeiten an einem Bauwerk (einschließlich Abtransport und Deponierung)	X		1,3,7, vgl. auch A. 13b.2 (3) UStAE
Abtransport von Erdaushub als selbständige Hauptleistung		X	2,3, vgl. aber auch Erdaushub und vgl. auch „Erdarbeiten"
Analyse von Baustoffen		X	1,3,7, vgl. auch A. 13b.2 (6) UStAE
Anlagenbau (z.B. Montagebänder, Montagelinien, Krananlagen, Kiesförderanlagen, Getränkeabfüllanlagen)			siehe „Betriebsvorrichtungen" und "Maschinen"
Anlegen von Gärten und Wegen			siehe „Gärten"
Anschluss von Elektrogeräten		X	1,3, vgl. auch A. 13b.2 (7) Nr. 11 UStAE
Anschütten von Hügeln und Böschungen			siehe „Gärten"
Anzeigentafel Einbau	X		1,3,7, vgl. auch A. 13b.2 (7) Nr. 11 UStAE
Arbeiten an Maschinen			siehe „Maschinen"
Arbeitnehmerüberlassung (auch wenn die überlassenen Arbeitnehmer für den Entleiher Bauleistungen erbringen; unabhängig davon, ob Leistungen nach dem Arbeitnehmerüberlassungsgesetz erbracht werden)		X	1,3,7, vgl. auch A. 13b.2 (7) Nr. 13 UStAE
Arbeitsmaschinen			siehe „Baugeräte"
Architektenleistung (wenn Hauptleistung)		X	A. 13b.2 (6) UStAE

Leistungsbeschreibung	§ 13b (2) Nr. 4 UStG		amtliche Fundstellen
	Ja	Nein	
Aufstellen von Material-, Bürocontainern oder mobilen Toilettenhäusern		X	4, vgl. auch A. 13b.2 (7) Nr. 6 UStAE
Aufzug (Einbau)	X		1,3,7, vgl. auch A. 13b.2 (5) Nr. 1 UStAE
Ausbauarbeiten an einem Bauwerk	X		1,7, vgl. auch A. 13b.2 (3) UStAE
Ausheben von Gräben und Mulden zur Landschaftsgestaltung			siehe „Gärten"
Ausschreibungs- und Vergabedurchführung (wenn Hauptleistung)		X	A. 13b.2 (6) UStAE
Ausstattungsgenstände			siehe „Betriebsvorrichtungen"
Austausch von Stromzählern	X		3, vgl. auch A. 13b.2 (3) UStAE
Autokran - bloße Vermietung		X	1,7, vgl. auch A. 13b.2 (7) Nr. 5 UStAE
Autokran - Vermietung mit Bedienungspersonal, wenn die Güter lediglich nach Weisung des Anmietenden bzw. dessen Erfüllungshilfen am Haken befördert werden		X	1,7, vgl. auch A. 13b.2 (7) Nr. 5 UStAE
Bauaustrocknung	X		1,3,7, vgl. auch A. 13b.2 (3) UStAE
Baugeräte (z.B. Kräne, Arbeitsmaschinen) - bloße Vermietung		X	1,7, vgl. auch A. 13b.2 (7) Nr. 5 UStAE
Baugeräte (z.B. Kräne, Arbeitsmaschinen) - Vermietung mit Bedienungspersonal für substanzverändernde Arbeiten	X		1,7, vgl. auch A. 13b.2 (7) Nr. 5 UStAE
Bauingenieursleistung (wenn Hauptleistung die Planung bzw. Überwachung ist)		X	A. 13b.2 (6) UStAE

Leistungsbeschreibung	§ 13b (2) Nr. 4 UStG		amtliche Fundstellen
	Ja	Nein	
Baukran, zur Verfügung stellen mit Bedienungspersonal		X	3, vgl. auch A. 13b.2 (7) Nr. 5 UStAE. Ausnahme: der Kranführer wird eigenverantwortlich beim Einsetzen von Teilen tätig
Bauleitung (als selbständige Leistung)		X	1,7, vgl. auch A. 13b.2 (6) UStAE
Bauplanungsleistung (wenn Hauptleistung)		X	A. 13b.2 (6) UStAE
Bausatzhaus - Verantwortung für die ordnungsgemäße Gebäudeerrichtung liegt zumindest teilweise beim Lieferer des Bausatzes	X		2,3, vgl. auch A. 13b.2 (7) Nr. 1 UStAE
Bauschuttzerkleinerung		X	1,3,7, vgl. auch A. 13b.2 (7) Nr. 7 UStAE
Baustellenabsicherung (als selbständige Leistung)		X	1,7, vgl. auch A. 13b.2 (7) Nr. 12 UStAE
Baustoffe (Lieferung)		X	1,7, vgl. auch A. 13b.2 (7) Nr. 1 UStAE
Bauteilelieferung (z.B. Maßfenster, -türen, Betonfertigteile) - liefernder Unternehmer schuldet lediglich das Bauteil		X	1,7, vgl. auch A. 13b.2 (7) Nr. 1 UStAE
Bauteilelieferung (z.B. Maßfenster, -türen, Betonfertigteile) - liefernder Unternehmer schuldet auch Einbau	X		1,7, vgl. auch A. 13b.2 (7) Nr. 1 UStAE
Bauträger			siehe „Gebäude ..."
Bauüberwachung (wenn Hauptleistung)		X	2, vgl. auch A. 13b.2 (6) UStAE
Bebauung von eigenen Grundstücken zum Zweck des Verkaufs		X	8, vgl. auch A. 13b.2 (7) Nr. 17 UStAE
Beleuchtungsanlagen - aufhängen und anschließen		X	1,3,7, vgl. auch A. 13b.2 (7) Nr. 11 UStAE

Leistungsbeschreibung	§ 13b (2) Nr. 4 UStG Ja	Nein	amtliche Fundstellen
Beleuchtungsanlagen - Montage und Anschließen von Beleuchtungssystem, z.B. in Kaufhäusern oder Fabrikhallen	X		1,3,7, vgl. auch A. 13b.2 (7) Nr. 11 UStAE
Bepflanzungen (Anlegen und Pflege), aber keine Dachbegrünung			siehe „Gärten"
Berliner Verbau	X		3
Beton - Anlieferung u. fachgerechtes Verarbeiten durch Anlieferer	X		1,7, vgl. auch A. 13b.2 (7) Nr. 3 UStAE
Beton - bloße Anlieferung (einschl. direktes Verfüllen)		X	1,7, vgl. auch A. 13b.2 (7) Nr. 3 UStAE
Betongleitwände und Stahlschutzplanken im Straßenbau			siehe „Verkehrssicherung"
Betonmischer; Betonpumpe (Zurverfügungstellung)			siehe „Baugeräte"
Betriebsvorrichtungen – Werklieferungen und sonstige Leistungen, wenn Betriebsvorrichtung nicht auf Dauer eingebaut oder kann bewegt werden (ohne das Bauwerk zu zerstören oder erheblich zu verändern)		X	1,7,9,10, vgl. auch A. 13b.2 (5) Nr. 2 UStAE
Betriebsvorrichtungen – Werklieferungen und sonstige Leistungen, wenn Betriebsvorrichtung auf Dauer eingebaut und kann nicht bewegt werden (ohne das Bauwerk zu zerstören oder erheblich zu verändern)	X		1,7,9,10, vgl. auch A. 13b.2 (5) Nr. 2 UStAE
Blitzschutzsysteme (Einbau), auch Erdungsanlagen und Überspannungsschutz	X		1,3,7, vgl. auch A. 13b.2 (3) UStAE
Bodenbeläge (Einbau)	X		1,3,7, vgl. auch A. 13b.2 (5) Nr. 1 UStAE

Leistungsbeschreibung	§ 13b (2) Nr. 4 UStG Ja	Nein	amtliche Fundstellen
Brandmeldeanlagen (Einbau)	X		1,3,7, vgl. auch A. 13b.2 (3) UStAE
Brückenbau	X		3, vgl. auch A. 13b.2 (3) UStAE
Brunnenbau	X		1,3,7, vgl. auch A. 13b.2 (3) UStAE
Bühnenbau			analog „Messestand"
Bürocontainer (aufstellen)		X	4, vgl. auch A. 13b.2 (7) Nr. 6 UStAE
Dachbegrünung (Anlegen)	X		1,7, vgl. auch A. 13b.2 (5) Nr. 7 UStAE
Dachbegrünung (Pflege)		X	2,3
Dacherrichtung	X		A. 13b.2 (5) Nr. 1 UStAE
EDV-Anlagen, Lieferung von Endgeräten		X	1, vgl. auch A. 13b.2 (5) Nr. 6 UStAE
EDV-Anlagen, wenn fest mit dem Bauwerk verbunden	X		1,3, vgl. auch A. 13b.2 (5) Nr. 6 UStAE
Einbauküche (Einbau mit fester Installation)	X		1,10,7, vgl. auch A. 13b.2 (5) Nr. 2 UStAE
Einrichtungsgegenstände, die ohne größeren Aufwand mit dem Bauwerk verbunden oder vom Bauwerk getrennt werden können		X	1,3,10,7, vgl. auch A. 13b.2 (5) Nr. 2 UStAE
Einrichtungsgegenstände, mit größerem Aufwand mit dem Bauwerk verbunden oder können nur mit größeren Aufwand vom Bauwerk getrennt werden	X		3,10, vgl. auch A. 13b.2 (5) Nr. 2 UStAE
Elektrogeräte - Lieferung mit Anschluss		X	1,3,7, vgl. auch A. 13b.2 (7) Nr. 11 UStAE

Leistungsbeschreibung	§ 13b (2) Nr. 4 UStG		amtliche Fundstellen
	Ja	Nein	
Elektrogeräte - Lieferung und Einbau z.B. in eine fest installierte Einbauküche	X		1,3,7, vgl. auch A. 13b.2 (7) Nr. 11 UStAE
Elektroinstallation	X		1,7, vgl. auch A. 13b.2 (3) UStAE
Energielieferung		X	1,7, vgl. auch A. 13b.2 (7) Nr. 4 UStAE
Entsorgung von Baumaterialien		X	1,7, vgl. auch A. 13b.2 (7) Nr. 7 UStAE
Erdarbeiten im Zusammenhang mit der Erstellung eines Bauwerks	X		1,7, vgl. auch A. 13b.2 (5) Nr. 5 UStAE
Erdaushub einschließlich Abtransport und Deponierung	X		2,3, vgl. aber A. 13b.2 (5) Nr. 5 UStAE, vgl. auch „Abbruch von Bauwerken"
Erdkabel verlegen oder austauschen	X		3, siehe auch „Überlandleitungen"
Erdungsanlagen und Überspannungsschutz (Einbau)	X		1,7, vgl. auch A. 13b.2 (3) UStAE
Erdwärmebohrung	X		3
Fahrbahnbelag	X		3, incl. Aufsaugen und Entsorgen von abgefrästen Fahrbahndecken
Fahrbahnmarkierung			siehe „Verkehrssicherung"
Fahrbahnübergangskonstruktion (bloße Lieferung)		X	7, vgl. auch "Verkehrssicherung"
Fahrbahnübergangskonstruktion (Lieferung und Montage), wenn fest mit Bauwerk verbunden)	X		7, vgl. auch "Verkehrssicherung"
Fang- und Sicherheitsnetze bei Baumaßnahmen im Außenbereich		X	3, vgl. "Gerüstbau" in A. 13b.2 (7) Nr. 9 UStAE

Leistungsbeschreibung	§ 13b (2) Nr. 4 UStG Ja	Nein	amtliche Fundstellen
Fassadenreinigung			siehe "Reinigung"
Fenster (Einbau)	X		1,7, vgl. auch A. 13b.2 (5) Nr. 1 UStAE
Fertiggaragen (wenn der Lieferer die Verantwortung für das ordnungsgemäße Aufstellen trägt)	X		3
Fertighaus/-teile - Aufbau	X		1,7, vgl. auch A. 13b.2 (7) Nr. 1 UStAE
Fertighaus/-teile - bloße Lieferung		X	1,7, vgl. auch A. 13b.2 (7) Nr. 1 UStAE
Fertighaus/-teile - Lieferung und Aufbau	X		1,7, vgl. auch A. 13b.2 (7) Nr. 1 UStAE
Festzelterrichtung		X	1,3, analog „Messestand "
Feuerlöscher (Einbau)		X	1,3,7, kein Einrichtungsgegenstand i.S. des A. 13b.2 (5) Nr. 2 UStAE
Fliegenschutzgitter / Sonnenschutzfolien		X	3
Garagentor (Einbau)	X		1,7, vgl. auch A. 13b.2 (5) Nr. 1 UStAE
Gärten (Anlegen) - es werden daneben auch Abmauerungen, Pergolen, Wintergärten, Gartenhäuser, Platz- u. Wegbefestigungen, Folien u. Betonteiche, Schwimmbecken, Brunnen, Umzäunungen u. ähnliche Bauwerke hergestellt, instandgesetzt, geändert oder beseitigt und diese Umsätze werden als eigenständige Leistung im Rahmen eines Leistungsbündels oder im Rahmen einer einheitlichen Leistung als Hauptleistung erbracht	X		1,3,7, vgl. auch A. 13b.2 (7) Nr. 10 UStAE

Leistungsbeschreibung	§ 13b (2) Nr. 4 UStG		amtliche Fundstellen
	Ja	Nein	
Gärten (Anlegen) - es wird ausschließlich der Boden bearbeitet und bepflanzt (einschl. Aufschütten von Hügeln und Böschungen sowie das Ausheben von Gärten und Mulden zur Landschaftsgestaltung)		X	1,3,7, vgl. auch A. 13b.2 (7) Nr. 10 UStAE
Gartenpflege		X	1, vgl. auch A. 13b.2 (7) Nr. 10 UStAE
Gartenzaun			siehe „Zaunanlagen"
Gaststätteneinrichtung (Einbau)	X		1,10,7, vgl. auch A. 13b.2 (5) Nr. 2 UStAE
Gebäude: schlüsselfertige Erstellung eines Gebäudes auf fremdem Grund und Boden incl. Fälle des einheitlichen Vertragswerkes i.S. des A. 4.9.1 (1) UStAE	X		3, vgl. auch A. 13b.2 (3) UStAE
Gebäude: Bebauung von eigenen Grundstücken zum Zweck des Verkaufs		X	8, vgl. auch A. 13b.2 (7) Nr. 17 UStAE
Gegenstände, die aufwendig in oder an einem Bauwerk installiert werden			siehe „Betriebsvorrichtungen" und „Maschinen"
Gerüstbau (auch Fang- und Sicherheitsnetze)		X	1,7, vgl. auch A. 13b.2 (7) Nr. 9 UStAE
Geschirrspülmaschine - Lieferung und Aufstellen (einschl. Anschluss)		X	1,10, vgl. auch A. 13b.2 (5) Nr. 2 und (7) Nr. 11 UStAE
Geschirrspülmaschine - Lieferung und Aufstellen einschl. Herstellung des Fundaments	X		1,10, vgl. auch A. 13b.2 (5) Nr. 2 und (7) Nr. 11 UStAE
Geschirrspüler (gewerbliche Geräte), wenn sie durch Fundamente oder Vorrichtungen mit dem Gebäude fest verbunden sind	X		3,10, vgl. auch A. 13b.2 (5) Nr. 2 UStAE

| Leistungsbeschreibung | § 13b (2) Nr. 4 UStG | | amtliche Fundstellen |
	Ja	Nein	
Grabstein		X	2,3,7, außer bei Mausoleen
Grundwasserabsenkung	X		3, vgl. auch A. 13b.2 (3) UStAE
Hausanschluss durch Versorgungsunternehmen, sofern es sich um eine eigenständige Leistung handelt, unabhängig davon, ob der betreffende Hausanschluss im Eigentum des Versorgungsunternehmens verbleibt	X		1,3,7, vgl. auch A. 13b.2 (5) Nr. 8 UStAE
Heizungsanlage (Einbau)	X		1,7, vgl. auch A. 13b.2 (5) Nr. 1 UStAE
Holz- und Bautenschutz	X		1,7, vgl. auch A. 13b.2 (3) UStAE
Hubarbeitsbühne - bloße Vermietung		X	1,7, vgl. auch A. 13b.2 (7) Nr. 5 UStAE
Hubarbeitsbühne - Vermietung mit Bedienungspersonal, wenn die Bühne lediglich nach Weisung des Anmietenden bzw. dessen Erfüllungsgehilfen eingesetzt werden kann		X	1,7, vgl. auch A. 13b.2 (7) Nr. 5 UStAE
Kanalbau	X		1,3,7, vgl. auch A. 13b.2 (3) UStAE
Kran - bloße Vermietung		X	1,7, vgl. auch A. 13b.2 (7) Nr. 5 UStAE
Kran - Vermietung mit Bedienungspersonal, wenn die Güter lediglich nach Weisungen des Anmietenden bzw. dessen Erfüllungsgehilfen am Haken befördert werden		X	1,7, vgl. auch A. 13b.2 (7) Nr. 5 UStAE
Kranvermietung mit Bedienpersonal zwecks Abladen von Baustoffen		X	3, vgl. auch A. 13b.2 (7) Nr. 5 UStAE

Leistungsbeschreibung	§ 13b (2) Nr. 4 UStG		amtliche Fundstellen
	Ja	Nein	
Kunst am Bau - Künstler schuldet lediglich Planung und Überwachung		X	1,7, vgl. auch A. 13b.2 (5) Nr. 9 UStAE
Kunst am Bau - Künstler schuldet zusätzlich die Ausführung des Werks	X		1,7, vgl. auch A. 13b.2 (5) Nr. 9 UStAE
Labordienstleistungen (u.a. chemische Analyse von Baustoffen, wenn Hauptleistung)		X	4, vgl. auch A. 13b.2 (6) UStAE
Ladeneinbauten (Einbau)	X		1,10,7, vgl. auch A. 13b.2 (5) Nr. 2 UStAE
Landschaftsgestaltung			siehe „Gärten"
Leitplanken			siehe „Verkehrssicherung"
Lichtwerbeanlage (Einbau)	X		1,7, vgl. auch A. 13b.2 (7) Nr. 11 UStAE
Lkw-Ladekran - bloße Vermietung		X	1,7, vgl. auch A. 13b.2 (7) Nr. 5 UStAE
Lkw-Ladekran - Vermietung mit Fahrer, wenn der Lkw lediglich nach Weisungen des Anmietenden bzw. dessen Erfüllungsgehilfen eingesetzt wird		X	1,7, vgl. auch A. 13b.2 (7) Nr. 5 UStAE
Luftdurchlässigkeitsmessungen		X	1,7, vgl. auch A. 13b.2 (7) Nr. 16 UStAE
Malerarbeiten	X		1,7, vgl. auch A. 13b.2 (3) UStAE
Markise (Einbau)	X		1,7, vgl. auch A. 13b.2 (3) UStAE
Maschinenanlagen (Arbeiten an ...)			siehe „Maschinen"

Leistungsbeschreibung	§ 13b (2) Nr. 4 UStG		amtliche Fundstellen
	Ja	Nein	
Maschinen, Lieferung ohne Ein-/ Anbau		X	1,10, zum Erstellen von Fundamenten, Sockeln und Befestigungsvorrich- tungen vgl. A. 13b.2 (7) Nr. 2 UStAE
Maschinen – Werklieferungen und sonstige Leistungen, wenn Maschi- ne nicht auf Dauer eingebaut oder bewegt kann werden (ohne das Bauwerk zu zerstören oder erheb- lich zu verändern)		X	1,10, vgl. auch A. 13b.2 (7) Nr. 2 UStAE
Maschinen – Werklieferungen und sonstige Leistungen, wenn Maschi- ne auf Dauer eingebaut und nicht bewegt werden kann (ohne das Bauwerk zu zerstören oder erheb- lich zu verändern)	X		1,10, vgl. auch A. 13b.2 (7) Nr. 2 UStAE
Materialcontainer (Aufstellen)		X	1,7, vgl. auch A. 13b.2 (7) Nr. 6 UStAE
Materiallieferungen (z.B. durch Baustoffhändler oder Baumärkte) ohne Einbau in ein Bauwerk		X	1,7, vgl. auch A. 13b.2 (7) Nr. 1 UStAE
Messestand (Aufstellen)		X	1,3,7, vgl. auch A. 13b.2 (7) Nr. 8 UStAE
mobiles Toilettenhaus (Aufstellen)		X	1,7, vgl. auch A. 13b.2 (7) Nr. 6 UStAE
Netzwerkinstallation - Installation als Mehrzahl eigenständiger Leis- tungen - Anschluss der Netzwerk- PC an den Server		X	5,7, vgl. aber A. 13b.2 (5) Nr. 6 UStAE
Netzwerkinstallation - Installation als Mehrzahl eigenständiger Leis- tungen - Lieferung des Servers und der Netzwerk-PC		X	5,7, vgl. aber A. 13b.2 (5) Nr. 6 UStAE

Leistungsbeschreibung	§ 13b (2) Nr. 4 UStG		amtliche Fundstellen
	Ja	Nein	
Netzwerkinstallation - Installation als Mehrzahl eigenständiger Leistungen - Verlegen der Kabelverbindungen in neue oder bestehende Kabelschächte, unter Putz oder im Boden	X		5,7, vgl. auch A. 13b.2 (5) Nr. 6 UStAE
Netzwerkinstallation - Installation stellt einheitliche Leistung dar (weil der Leistende z.B. das komplett installierte Computernetzwerk schuldet) und die Kabelverbindungen werden in Wand oder Boden verlegt	X		5,7, vgl. auch A. 13b.2 (5) Nr. 6 UStAE
Neubau eines Bauwerkes (siehe aber auch unter „Gebäude...")	X		1,7, vgl. auch A. 13b.2 (3) UStAE
Pflasterarbeiten	X		1,3,7, vgl. auch A. 13b.2 (3) UStAE
Photovoltaikanlagen (Errichtung), unabhängig davon, ob sie das Dach ersetzen oder ob es sich um Aufdachanlagen oder Fassadenmontagen handelt, auch Freilandanlagen	X		1,3,6,10, vgl. auch A. 13b.2 (5) Nr. 11 UStAE
Planierraupe (Zurverfügungstellung mit Bedienungspersonal)			siehe „Baugeräte"
Planungsleistung (wenn Hauptleistung)		X	1,7, vgl. auch A. 13b.2 (6) UStAE
Prüfingenieursleistung (wenn Hauptleistung)		X	1,7, vgl. auch A. 13b.2 (6) UStAE
Prüfung von Bauabrechnungen (wenn Hauptleistung)		X	A. 13b.2 (6) UStAE
Regalförderzeug			siehe „Betriebsvorrichtungen" und "Maschinen"

Leistungsbeschreibung	§ 13b (2) Nr. 4 UStG		amtliche Fundstellen
	Ja	Nein	
Reinigung (z.B. Fassadenreinigung) - ohne Veränderung der Oberfläche		X	1,7, vgl. auch A. 13b.2 (5) Nr. 10 UStAE, aber Gebäudereinigung iSd § 13b (2) Nr. 8 UStG (siehe dort)
Reinigung (z.B. Fassadenreinigung) - mit Veränderung (z.B. Abschliff) der Oberfläche	X		1,7, vgl. auch A. 13b.2 (5) Nr. 10 UStAE
Reinigung von Räumlichkeiten oder Flächen, z.B. Fenster		X	1,7, vgl. auch A. 13b.2 (7) Nr. 14 UStAE, aber ggf. Gebäudereinigung iSd § 13b (2) Nr. 8 UStG (siehe dort)
Reparaturen an Bauwerken oder Teilen von Bauwerken			siehe „Wartungsarbeiten"
Rodung, Herausfräsen und Abtransport von Bäumen und Wurzeln ohne Zusammenhang mit der Errichtung eines Bauwerks		X	1,3,7, vgl. auch A. 13b.2 (7) Nr. 10 UStAE
Rohrreinigung		X	1,3,7, es sei denn, dass Teile verändert, bearbeitet oder ausgetauscht werden und die Grenze von 500 EUR überschritten ist, vgl. auch A. 13b.2 (7) Nr. 15 UStAE. Beachte auch: ggf. Gebäudereinigung iSd § 13b (2) Nr. 8 UStG (siehe dort)
Rolltreppe (Einbau)	X		1,3,7, vgl. auch A. 13b.2 (5) Nr. 1 UStAE
Sachen (in ein Bauwerk eingebaut)			siehe „Betriebsvorrichtungen", „Maschinen", „Netzwerkinstallation" und „Telefonanlagen"

Leistungsbeschreibung	§ 13b (2) Nr. 4 UStG		amtliche Fundstellen
	Ja	Nein	
Sauna (Einbau)	X		1,3,7, vgl. auch A. 13b.2 (3) UStAE
Schaufensteranlagen (Einbau)	X		1,10,7, vgl. auch A. 13b.2 (5) Nr. 2 UStAE
Schuttabfuhr durch Abfuhrunternehmer		X	1,7, vgl. auch A. 13b.2 (7) Nr. 7 UStAE
Silo			siehe „Betriebsvorrichtungen"
Solaranlagen	X		3, vgl. auch A. 13b.2 (3) UStAE
Spielplätze, Spielplatzgeräte und Spielanlagen (wenn mit dem Grund und Boden durch Fundament o.ä. fest verbunden)	X		1,3,7, vgl. auch A. 13b.2 (3) UStAE
Statikerleistung (wenn Hauptleistung)		X	A. 13b.2 (6) UStAE
Straßen- und Wegebau	X		1,7, vgl. auch A. 13b.2 (1) UStAE
Tankanlageneinbau	X		1,3, vgl. auch A. 13b.2 (3) UStAE
Tapezierarbeiten	X		1,7, vgl. auch A. 13b.2 (3) UStAE
Teichfolie (Einbau)	X		1,7, vgl. auch A. 13b.2 (1) UStAE
Telefonanlagen - Installation als Mehrzahl eigenständiger Leistungen - Lieferung der Endgeräte		X	1,5,7, vgl. auch A. 13b.2 (5) Nr. 6 UStAE
Telefonanlagen - Installation als Mehrzahl eigenständiger Leistungen - Verlegen der Kabelverbindungen in neue oder bestehende Kabelschächte, unter Putz oder im Boden	X		1,5,7, vgl. auch A. 13b.2 (5) Nr. 6 UStAE

Leistungsbeschreibung	§ 13b (2) Nr. 4 UStG Ja	Nein	amtliche Fundstellen
Telefonanlagen - Installation stellt einheitliche Leistung dar (weil der Leistende z.B. die komplett installierte Telefonanlage schuldet) und die Kabelverbindungen werden in Wand oder Boden verlegt	X		1,5,7, vgl. auch A. 13b.2 (5) Nr. 6 UStAE
Teppichboden, Bodenbeläge (verlegen)	X		1,7, vgl. auch A. 13b.2 (5) Nr. 1 UStAE
Toilettenhäuser (aufstellen von mobilen Toilettenhäusern)		X	4, vgl. auch A. 13b.2 (7) Nr. 6 UStAE
Treppenhauserrichtung	X		A. 13b.2 (5) Nr. 1 UStAE
Tunnelbau	X		1,7, vgl. auch A. 13b.2 (3) UStAE
Tür (Einbau)	X		1,7, vgl. auch A. 13b.2 (5) Nr. 1 UStAE
Überlandleitungen verlegen oder austauschen	X		3, siehe auch „Erdkabel"
Überspannungsschutzsysteme (Errichtung)	X		1,7, vgl. auch A. 13b.2 (3) UStAE
Überwachungsleistungen im Zusammenhang mit Bauleistungen		X	1,7, vgl. auch A. 13b.2 (6) UStAE
Umbau eines Bauwerks	X		1,7, vgl. auch A. 13b.2 (3) UStAE
Verkaufsregale, können nicht bewegt werden (ohne das Bauwerk zu zerstören oder erheblich zu verändern)	X		4,10, vgl. auch A. 13b.2 (5) Nr. 2 UStAE
Verkehrsleitanlagen			siehe „Verkehrssicherungsleistungen"
Verkehrsschilder und Ampelanlagen			siehe „Verkehrssicherungsleistungen"

Leistungsbeschreibung	§ 13b (2) Nr. 4 UStG Ja	Nein	amtliche Fundstellen
Verkehrssicherungsleistungen - z.B. Auf- und Abbau, Vorhaltung, Wartung und Kontrolle u.a. Absperrgeräte, Leiteinrichtungen, Blinklicht- und Lichtzeichenanlagen, Aufbringung von vorübergehenden Markierungen, Lieferung und Aufstellen von transportablen Verkehrszeichen, Einsatz von fahrbaren Absperrtafeln, sowie Vermietung von Verkehrseinrichtungen und Bauzäunen		X	1,3,7, vgl. auch A. 13b.2 (7) Nr. 12 UStAE
Verkehrssicherungsleistungen - Aufbringen von Endmarkierungen (so genannte Weißmarkierungen), Aufstellen von Verkehrszeichen und Verkehrseinrichtungen, die dauerhaft im öffentlichen Verkehrsraum verbleiben	X		1,3,7, vgl. auch A. 13b.2 (7) Nr. 12 UStAE
Verlegen von Rohren für die Energie- oder Wasserversorgung	X		3, vgl. auch A. 13b.2 (5) Nr. 8 UStAE
Vermessungsleistungen (wenn Hauptleistung)		X	A. 13b.2 (6) UStAE
Versorgungsleitungen (Verlegung, Beseitigung, Substanzerhaltung)	X		1,7, vgl. auch A. 13b.2 (5) Nr. 8 UStAE
Video-Überwachungsanlage	X		2,3,7, vgl. auch A. 13b.2 (3) UStAE
Wartung von Brandschutzanlagen, Heizungsanlagen, Klimaanlagen, Windkraftanlagen u.ä. (wenn Teile verändert, bearbeitet oder ausgetauscht werden und die Grenze von 500 EUR überschritten ist)	X		3, vgl. auch A. 13b.2 (7) Nr. 15 UStAE

Leistungsbeschreibung	§ 13b (2) Nr. 4 UStG		amtliche Fundstellen
	Ja	Nein	
Wartungsarbeiten und Reparaturen an Bauwerken oder Teilen von Bauwerken (z.b. von Brandschutzanlagen, Heizungsanlagen, Klimaanlagen, Windkraftanlagen u.ä.) - Nettoentgelt für den einzelnen Umsatz mehr als 500 EUR und im Rahmen der Wartung werden keine Teile verändert, bearbeitet oder ausgetauscht		X	1,3,7, vgl. auch A. 13b.2 (7) Nr. 15 UStAE
Wartungsarbeiten und Reparaturen an Bauwerken oder Teilen von Bauwerken (z.b. von Brandschutzanlagen, Heizungsanlagen, Klimaanlagen, Windkraftanlagen u.ä.) - Nettoentgelt für den einzelnen Umsatz mehr als 500 EUR und im Rahmen der Wartung werden Teile verändert, bearbeitet oder ausgetauscht	X		1,3,7, vgl. auch A. 13b.2 (7) Nr. 15 UStAE
Wartungsarbeiten und Reparaturen an Bauwerken oder Teilen von Bauwerken (z.B. von Brandschutzanlagen, Heizungsanlagen, Klimaanlagen, Windkraftanlagen u.ä.) - Nettoentgelt für den einzelnen Umsatz nicht mehr als 500 EUR		X	1,3,7, vgl. auch A. 13b.2 (7) Nr. 15 UStAE
Wasserlieferung		X	1,7, vgl. auch A. 13b.2 (7) Nr. 4 UStAE
Windkraftanlagen	X		A. 13b.2 (1) UStAE
Zaunbau	X		1,3,7, vgl. auch A. 13b.2 (1) u. (3) UStAE

Diese Liste wurde mit Sorgfalt erarbeitet, für die Richtigkeit und Vollständigkeit der Ausführungen sowie für zwischenzeitliche Änderungen kann aber keine Gewähr übernommen werden.

Anlage 2 (Gegenstände im Sinne des § 13b (2) Nr. 7 UStG)

Nr.	Waren im Sinne des § 13b (2) Nr. 7 UStG	Fundstelle
1	Granulierte Schlacke (Schlackensand) aus der Eisen- und Stahlherstellung	Zolltarif Pos. 2618 00 00 lt. Anlage 3 zum UStG
2	Schlacken (ausgenommen granulierte Schlacke), Zunder und andere Abfälle der Eisen- und Stahlherstellung	Zolltarif Pos. 2619 00 lt. Anlage 3 zum UStG
3	Schlacken, Aschen und Rückstände (ausgenommen solche der Eisen- und Stahlherstellung), die Metalle, Arsen oder deren Verbindungen enthalten	Zolltarif Pos. 2620 lt. Anlage 3 zum UStG
4	Abfälle, Schnitzel und Bruch von Kunststoffen	Zolltarif Pos. 3915 lt. Anlage 3 zum UStG
5	Abfälle, Bruch u. Schnitzel von Weichkautschuk, auch zu Pulver oder Granulat zerkleinert	Zolltarif Pos. 4004 00 00 lt. Anlage 3 zum UStG
6	Bruchglas und andere Abfälle und Scherben von Glas	Zolltarif Pos. 7001 00 10 lt. Anlage 3 zum UStG
7	Abfälle und Schrott von Edelmetallen oder Edelmetallplattierungen; andere Abfälle und Schrott, Edelmetalle oder Edelmetallverbindungen enthaltend, von der hauptsächlich zur Wiedergewinnung von Edelmetallen verwendeten Art	Zolltarif Pos. 7112 lt. Anlage 3 zum UStG
8	Abfälle und Schrott, aus Eisen oder Stahl; Abfallblöcke aus Eisen oder Stahl	Zolltarif Pos. 7204 lt. Anlage 3 zum UStG
9	Abfälle und Schrott, aus Kupfer	Zolltarif Pos. 7404 lt. Anlage 3 zum UStG
10	Abfälle und Schrott, aus Nickel	Zolltarif Pos. 7503 lt. Anlage 3 zum UStG
11	Abfälle und Schrott, aus Aluminium	Zolltarif Pos. 7602 lt. Anlage 3 zum UStG

Nr.	Waren im Sinne des § 13b (2) Nr. 7 UStG	Fundstelle
12	Abfälle und Schrott, aus Blei	Zolltarif Pos. 7802 lt. Anlage 3 zum UStG
13	Abfälle und Schrott, aus Zink	Zolltarif Pos. 7902 lt. Anlage 3 zum UStG
14	Abfälle und Schrott, aus Zinn	Zolltarif Pos. 8002 lt. Anlage 3 zum UStG
15	Abfälle und Schrott, aus anderen unedlen Metallen	Zolltarif Pos. 8101 bis 8113 lt. Anlage 3 zum UStG
16	Abfälle und Schrott, von elektrischen Primärelementen, Primärbatterien und Akkumulatoren; ausgebrauchte elektrische Primärelemente, Primärbatterien und Akkumulatoren	Zolltarif Pos. 8548 10 lt. Anlage 3 zum UStG
17	Alt-Gold	OFD-Niedersachsen vom 04.07.2023 (Az. S7279-38-St184)
18	Bruchglaslieferung	OFD-Karlsruhe v. 25.09.12 (Az. S7279-Karte 3). Aber nicht, wenn der Anlieferer ein Entsorgungsentgelt bezahlen muss und der Wert des Bruchglases auf das Entsorgungsentgelt keinen Einfluss hat.
19	Edelmetallgemisch aus Abfällen/Schrott bzw. von elektronischen Schaltungen zur Rückgewinnung von Edelmetallen	OFD-Niedersachsen vom 04.07.2023 (Az. S7279-38-St184)
20	Kunststoffabfälle aus der Produktion von Fahrrad- und Motorradhelmen	OFD-Karlsruhe v. 25.09.12 (Az. S7279-Karte 3)
21	Platinen und Leiterplatten mit elektronischen Bauteilen (unbrauchbar oder zerstört)	OFD-Karlsruhe v. 25.09.12 (Az. S7279-Karte 3)
22	Schnitzel aus zermahlenen Kunststoffbechern	OFD-Karlsruhe v. 25.09.12 (Az. S7279-Karte 3)

Nr.	Waren im Sinne des § 13b (2) Nr. 7 UStG	Fundstelle
23	zusammengepresste Einweg-Pfandgebinde bestehend aus Pfandflasche, Sprengring, Verschlusskappe und Banderole	OFD-Karlsruhe v. 25.09.12 (Az. S7279-Karte 3)

! Bei durch Bruch, Verschleiß oder aus ähnlichen Gründen <u>nicht mehr ge-</u><u>brauchsfähigen Maschinen, Elektro- und Elektronikgeräten, Heizkesseln und</u> <u>Fahrzeugwracks</u> **ist davon auszugehen,** dass sie unter die Steuerschuldner-schaft des Leistungsempfängers nach § 13b (2) Nr. 7 UStG fallen (dies gilt auch für Gegenstände, für die es eine eigene Zolltarifposition gibt; A. 13b.4 (3) Satz 3 UStAE).

Nicht unter § 13b (2) Nr. 7 UStG fallen nach der Verfügung der OFD-Karlsru-he vom 25.09.2012 (Az. S7279-Karte 3) die Containergestellung und Mahlgut, das aus Abfällen, Schnitzel und Bruch von Kunststoffen hergestellt wird sowie Papier.

Diese Liste wurde mit Sorgfalt erarbeitet, für die Richtigkeit und Vollstän-digkeit der Ausführungen sowie für zwischenzeitliche Änderungen kann aber keine Gewähr übernommen werden.

Anlage 3 (Reinigungsleistungen iSd § 13b (2) Nr. 8 UStG)

Leistungen iSd § 13b (2) Nr. 8 UStG	§ 13b (2) Nr. 8 UStG		Fundstelle
	ja	nein	
Arbeitnehmerüberlassung von Reinigungskräften, auch wenn die überlassenen Arbeitnehmer für den Entleiher Gebäudereinigungsleistungen erbringen, unabhängig davon, ob die Leistungen nach dem Arbeitnehmerüberlassungsgesetz erbracht werden oder nicht.		X	A. 13b.5 (3) Nr. 5 UStAE und OFD-Karlsruhe vom 25.09.2012 (Az. 7279 Karte 3)
Bahnhöfe, Bahnsteige und Haltestellen	X		A. 13b.5 (1) UStAE und OFD-Karlsruhe vom 25.09.2012 (Az. 7279 Karte 3)
Baubuden		X	A. 13b.5 (1) UStAE und OFD-Karlsruhe vom 25.09.2012 (Az. 7279 Karte 3)
Bauendreinigung	X		A. 13b.5 (2) Nr. 5 UStAE und OFD-Karlsruhe vom 25.09.2012 (Az. 7279 Karte 3)
Bettwäsche als selbständige Leistung		X	A. 13b.5 (3) Nr. 4 UStAE und OFD-Karlsruhe vom 25.09.2012 (Az. 7279 Karte 3)
Bierzapfanlage		X	OFD-Karlsruhe vom 25.09.2012 (Az. 7279 Karte 3)
Bilder als selbständige Leistung		X	A. 13b.5 (3) Nr. 4 UStAE und OFD-Karlsruhe vom 25.09.2012 (Az. 7279 Karte 3)
Bürocontainer		X	A. 13b.5 (1) UStAE und OFD-Karlsruhe vom 25.09.2012 (Az. 7279 Karte 3)

Leistungen iSd § 13b (2) Nr. 8 UStG	§ 13b (2) Nr. 8 UStG		Fundstelle
	ja	nein	
Busse		X	OFD-Karlsruhe vom 25.09.2012 (Az. 7279 Karte 3)
Dachrinnen	X		A. 13b.5 (2) Nr. 4 UStAE und OFD-Karlsruhe vom 25.09.2012 (Az. 7279 Karte 3)
Dekontaminierungsmaßnahmen (auch Desinfektion) an Gebäuden	X		OFD-Karlsruhe vom 25.09.2012 (Az. 7279 Karte 3)
Fallrohre	X		A. 13b.5 (2) Nr. 4 UStAE und OFD-Karlsruhe vom 25.09.2012 (Az. 7279 Karte 3)
Fenster	X		A. 13b.5 (2) Nr. 3 UStAE und OFD-Karlsruhe vom 25.09.2012 (Az. 7279 Karte 3)
Gardinen als selbständige Leistung		X	A. 13b.5 (3) Nr. 4 UStAE und OFD-Karlsruhe vom 25.09.2012 (Az. 7279 Karte 3)
Gartenarbeiten		X	OFD-Karlsruhe vom 25.09.2012 (Az. 7279 Karte 3)
Gebäudereinigung (auch Pflege Schutz und Nachbehandlung, innen und außen und auch Gebäudeteile)	X		A. 13b.5 (2) Nr. 1 UStAE und OFD-Karlsruhe vom 25.09.2012 (Az. 7279 Karte 3)
Gehwege (allgemein)		X	OFD-Karlsruhe vom 25.09.2012 (Az. 7279 Karte 3)
Gehwege im Zusammenhang mit Gebäuden, wenn im Gesamtauftrag für Gebäudereinigung enthalten	X		OFD-Karlsruhe vom 25.09.2012 (Az. 7279 Karte 3)

© Ihr-Ziel.de Pede

| Leistungen iSd § 13b (2) Nr. 8 UStG | § 13b (2) Nr. 8 UStG | | Fundstelle |
	ja	nein	
Gleisanlagen wenn eigenständige Leistung		X	OFD-Karlsruhe vom 25.09.2012 (Az. 7279 Karte 3)
Gleisanlagen, wenn im Gesamtauftrag für Bahnhofsreinigung im Bahnhofsbereich enthalten	X		OFD-Karlsruhe vom 25.09.2012 (Az. 7279 Karte 3)
Geschirr als selbständige Leistung		X	A. 13b.5 (3) Nr. 4 UStAE und OFD-Karlsruhe vom 25.09.2012 (Az. 7279 Karte 3)
Graffitientfernung, Hausfassadenreinigung	X		A. 13b.5 (2) Nr. 2 UStAE und OFD-Karlsruhe vom 25.09.2012 (Az. 7279 Karte 3). Dies gilt nicht für Reinigungsarbeiten, die unter § 13b (2) Nr. 4 UStG (Bauleistungen) fallen, vgl. A. 13b.2 (5) Nr. 10 UStAE
Hausmeisterdienst, wenn dieser auch Gebäudereinigungsleistungen beinhaltet	X		A. 13b.5 (2) Nr. 7 UStAE und OFD-Karlsruhe vom 25.09.2012 (Az. 7279 Karte 3). Das gilt auch für die an diesen erbrachten Reinigungsleistungen durch Subunternehmer
haustechnische Anlagen, soweit es sich nicht um Wartungsarbeiten handelt	X		A. 13b.5 (2) Nr. 6 UStAE. siehe aber auch unten bei „Heizung/Klimaanlage" und bei „Maschinen"
Heizung/Klimaanlage (allgemein)	X		OFD-Karlsruhe vom 25.09.2012 (Az. 7279 Karte 3)

Leistungen iSd § 13b (2) Nr. 8 UStG	§ 13b (2) Nr. 8 UStG		Fundstelle
	ja	nein	
Heizung, Klimaanlage, wenn Wartung (d.h. wenn wesentlicher Inhalt der Tätigkeit die Überprüfung der Funktionsfähigkeit ist)		X	OFD-Karlsruhe vom 25.09.12 (Az. 7279 Karte 3), aber evtl. Bauleistung nach § 13b (2) Nr. 4 UStG (wenn Teile verwendet werden, siehe dort)
Inventar als selbständige Leistung		X	A. 13b.5 (3) Nr. 4 UStAE und OFD-Karlsruhe vom 25.09.2012 (Az. 7279 Karte 3)
Jalousien als selbständige Leistung		X	A. 13b.5 (3) Nr. 4 UStAE und OFD-Karlsruhe vom 25.09.2012 (Az. 7279 Karte 3)
Kiosk		X	A. 13b.5 (1) UStAE und OFD-Karlsruhe vom 25.09.2012 (Az. 7279 Karte 3)
Maschinen (sofern haustechnische Anlagen)	X		A. 13b.5 (2) Nr. 6 UStAE und OFD-Karlsruhe vom 25.09.2012 (Az. 7279 Karte 3), siehe aber auch oben bei „Heizung/Klimaanlage"
Matratzen als selbständige Leistung		X	A. 13b.5 (3) Nr. 4 UStAE und OFD-Karlsruhe vom 25.09.2012 (Az. 7279 Karte 3)
Möbel als selbständige Leistung		X	A. 13b.5 (3) Nr. 4 UStAE und OFD-Karlsruhe vom 25.09.2012 (Az. 7279 Karte 3)
Objektbetreuung, wenn diese auch Gebäudereinigungsleistungen beinhaltet	X		A. 13b.5 (2) Nr. 7 UStAE, siehe auch oben bei „Hausmeisterdienst"
Parkplätze (allgemein)		X	OFD-Karlsruhe vom 25.09.2012 (Az. 7279 Karte 3)

Leistungen iSd § 13b (2) Nr. 8 UStG	§ 13b (2) Nr. 8 UStG		Fundstelle
	ja	nein	
Parkplätze im Zusammenhang mit Gebäuden, wenn im Gesamtauftrag für Gebäudereinigung enthalten	X		OFD-Karlsruhe vom 25.09.2012 (Az. 7279 Karte 3)
Pflegedienst, wenn er auch Gebäudereinigungsleistungen beinhaltet	X		OFD-Karlsruhe vom 25.09.2012 (Az. 7279 Karte 3). Das gilt auch für die an diesen erbrachten Reinigungsleistungen durch Subunternehmer
Schädlingsbekämpfung		X	A. 13b.5 (3) Nr. 2 UStAE und OFD-Karlsruhe vom 25.09.2012 (Az. 7279 Karte 3)
Schornstein		X	A. 13b.5 (3) Nr. 1 UStAE und OFD-Karlsruhe vom 25.09.2012 (Az. 7279 Karte 3)
Teppich als selbständige Leistung		X	A. 13b.5 (3) Nr. 4 UStAE und OFD-Karlsruhe vom 25.09.2012 (Az. 7279 Karte 3)
Tribünen		X	A. 13b.5 (1) UStAE und OFD-Karlsruhe vom 25.09.2012 (Az. 7279 Karte 3)
Vorhänge als selbständige Leistung		X	A. 13b.5 (3) Nr. 4 UStAE
Wartungsarbeiten an Maschinen		X	A. 13b.5 (2) Nr. 6 UStAE und OFD-Karlsruhe vom 25.09.2012 (Az. 7279 Karte 3), siehe aber auch oben bei „Maschinen" und bei „Heizung/Klimaanlage"

!

Leistungen iSd § 13b (2) Nr. 8 UStG	§ 13b (2) Nr. 8 UStG		Fundstelle
	ja	nein	
Winterdienst (soweit es sich um eine eigenständige Leistung handelt)		X	A. 13b.5 (3) Nr. 3 UStAE und OFD-Karlsruhe vom 25.09.2012 (Az. 7279 Karte 3)
Wohncontainer		X	A. 13b.5 (1) UStAE und OFD-Karlsruhe vom 25.09.2012 (Az. 7279 Karte 3)
Züge		X	OFD-Karlsruhe vom 25.09.2012 (Az. 7279 Karte 3)

Diese Liste wurde mit Sorgfalt erarbeitet, für die Richtigkeit und Vollständigkeit der Ausführungen sowie für zwischenzeitliche Änderungen kann aber keine Gewähr übernommen werden.

© Ihr-Ziel.de Pede

Anlage 4 (Gegenstände im Sinne des § 13b (2) Nr. 9 UStG)

Liefergegenstand	§ 13b (2) Nr. 9 UStG ja	nein	Fundstelle
Anlagegold mit einem Feingehalt von mindestens 995 Tausendstel	X		wenn steuerpflichtige Lieferung nach § 25c (3) UStG (siehe A. 13b.6 (1) UStAE)
Barren, die in einer zufälligen groben Verschmelzung von Schrott und verschiedenen goldhaltigen Metallgegenständen sowie verschiedenen anderen Metallen, Stoffen und Substanzen bestehen und die einen Goldgehalt von mindestens 325 Tausendstel haben	X		A. 13b.6 (1) UStAE, EuGH Urteil vom 26.05.2016 (Rs. C-550/14)
Erzeugnisse (fertige und halbfertige, z.B. vergoldete Kugelschreiber)		X	OFD-Karlsruhe vom 25.09.12 (Az. 7279 Karte 3)
Galvanik		X	OFD-Karlsruhe vom 25.09.12 (Az. 7279 Karte 3)
Gold (einschließlich von platiniertem Gold) in Rohform oder als Halbzeug mit einem Feingehalt von mindestens 325 Tausendstel	X		A. 13b.6 (1) UStAE
Goldlegierungen in Rohform oder als Halbzeug mit einem Feingehalt von mindestens 325 Tausendstel	X		A. 13b.6 (1) UStAE
Gold-Kupfer-Legierungen (auch mit Zink und Magnesiumzusätzen), wenn diese unter Zolltarif 7108 fallen	X		OFD-Niedersachsen vom 04.07.2012 (Az. S7279-38-St184)
Gold-Nickel-Legierungen, die beim Herstellen elektrischer Kontakte verwendet werden, wenn diese unter Zolltarif 7108 fallen	X		OFD-Niedersachsen vom 04.07.2012 (Az. S7279-38-St184)

Liefergegenstand	§ 13b (2) Nr. 9 UStG		Fundstelle
	ja	nein	
Gold-Silber-Legierungen (auch Lötmittel, auch in Verbindung mit Zink und Kadmium), wenn diese unter Zolltarif 7108 fallen	X		OFD-Niedersachsen vom 04.07.2012 (Az. S7279-38-St184)
Goldmünzen		X	OFD-Karlsruhe vom 25.09.12 (Az. 7279 Karte 3)
Goldplattierungen mit einem Feingehalt von mindestens 325 Tausendstel	X		A. 13b.6 (1) UStAE
Goldplattierungen, im mechanischen Verfahren hergestellt, auf unedlen Metallen oder auf Silber (in Rohform oder als Halbzeug), wenn diese unter Zolltarif 7109 fallen	X		OFD-Niedersachsen vom 04.07.2012 (Az. S7279-38-St184)
Goldschmiedewarenlieferung		X	OFD-Niedersachsen vom 04.07.2012 (Az. S7279-38-St184)
Graugold, wenn dieses unter Zolltarif 7108 fällt	X		OFD-Niedersachsen vom 04.07.2012 (Az. S7279-38-St184)
Kaliumgoldcyanidsalz		X	OFD-Karlsruhe vom 25.09.12 (Az. 7279 Karte 3)
Ringrohlinge aus Goldlegierungen		X	OFD-Karlsruhe vom 25.09.12 (Az. 7279 Karte 3)
Schmuckwarenlieferung		X	OFD-Niedersachsen vom 04.07.2012 (Az. S7279-38-St184)
Weißgold, wenn dieses unter Zolltarif 7108 fällt	X		OFD-Niedersachsen vom 04.07.2012 (Az. S7279-38-St184)

Liefergegenstand	§ 13b (2) Nr. 9 UStG		Fundstelle
	ja	nein	
Zahngoldplattierungen (allgemein)	X		OFD-Karlsruhe vom 25.09.12 (Az. 7279 Karte 3)
Zahngoldplattierungen, wenn die Legierung 2 Gewichtshundertteile (GHT) oder mehr Platin enthält		X	OFD-Karlsruhe vom 25.09.12 (Az. 7279 Karte 3)
Zahnkronenlieferung		X	OFD-Niedersachsen vom 04.07.2012 (Az. S7279-38-St184)

Diese Liste wurde mit Sorgfalt erarbeitet, für die Richtigkeit und Vollständigkeit der Ausführungen sowie für zwischenzeitliche Änderungen kann aber keine Gewähr übernommen werden.

Anlage 5 (Gegenstände im Sinne des § 13b (2) Nr. 11 UStG)

Nr.	Waren im Sinne des § 13b (2) Nr. 11 UStG	Zolltarif
1	Silber, in Rohform oder als Halbzeug oder Pulver; Silberplattierungen auf unedlen Metallen, in Rohform oder als Halbzeug	Positionen 7106 und 7107, vgl. Anlage 4 zum UStG und A. 13b.7a (1) Nr. 1 UStAE
2	Platin, in Rohform oder als Halbzeug oder Pulver; Platinplattierungen auf unedlen Metallen, auf Silber oder auf Gold, in Rohform oder als Halbzeug	Position 7110 und Unterposition 71110000, vgl. Anlage 4 zum UStG und A. 13b.7a (1) Nr. 2 UStAE
3	Roheisen oder Spiegeleisen, in Masseln, Blöcken oder anderen Rohformen; Körner und Pulver aus Roheisen, Spiegeleisen, Eisen oder Stahl; Rohblöcke und andere Rohformen aus Eisen oder Stahl, Halbzeug aus Eisen oder Stahl	Positionen 7201, 7205 bis 7207, 7218 und 7224, vgl. Anlage 4 zum UStG und A. 13b.7a (1) Nr. 3 UStAE
4	Nicht raffiniertes Kupfer und Kupferanoden zum elektrolytischen Raffinieren; raffiniertes Kupfer und Kupferlegierungen, in Rohform; Kupfervorlegierungen; Pulver und Flitter aus Kupfer	Positionen 7402, 7403, 7405 und 7406, vgl. Anlage 4 zum UStG und A. 13b.7a (1) Nr. 4 UStAE
5	Nickelmatte, Nickeloxidsinter und andere Zwischenerzeugnisse der Nickelmetallurgie; Nickel in Rohform; Pulver und Flitter aus Nickel	Positionen 7501, 7502 und 7504, vgl. Anlage 4 zum UStG und A. 13b.7a (1) Nr. 5 UStAE
6	Aluminium in Rohform; Pulver und Flitter, aus Aluminium	Pos. 7601 und 7603, vgl. Anlage 4 zum UStG und A. 13b.7a (1) Nr. 6 UStAE
7	Blei in Rohform; Pulver und Flitter, aus Blei	Pos. 7801; aus Pos. 7804, vgl. Anlage 4 zum UStG und A. 13b.7a (1) Nr. 7 UStAE
8	Zink in Rohform; Staub, Pulver und Flitter, aus Zink;	Pos. 7901 und 7903, vgl. Anlage 4 zum UStG und A. 13b.7a (1) Nr. 8 UStAE

Nr.	Waren im Sinne des § 13b (2) Nr. 11 UStG	Zolltarif
9	Zinn in Rohform	Position 8001, vgl. Anlage 4 zum UStG und A. 13b.7a (1) Nr. 9 UStAE
10	andere unedle Metalle in Rohform oder aus Pulver	aus Pos. 8101 bis 8112, vgl. Anlage 4 zum UStG und A. 13b.7a (1) Nr. 10 UStAE
11	Cermets in Rohform	Unterposition 81130020, vgl. Anlage 4 zum UStG und A. 13b.7a (1) Nr. 11 UStAE
12	Eisen oder Stahl, Rohblöcke und andere Rohformen aus Eisen oder Stahl, Halbzeug aus Eisen oder Stahl (auch wenn sich dies nicht aus dem Wortlaut in der Anlage 4 des UStG ergibt)	FinBeh-Hamburg vom 08.05.2015 (Az. S7279-2014/004-51)
13	Kupferkathoden und Kupferkathodenabschnitte	FinBeh-Hamburg vom 08.05.2015 (Az. S7279-2014/004-51)

Diese Liste wurde mit Sorgfalt erarbeitet, für die Richtigkeit und Vollständigkeit der Ausführungen sowie für zwischenzeitliche Änderungen kann aber keine Gewähr übernommen werden.

Anlage 6 (Vorschlag für eine Erklärung)

Leistender:	Leistungsempfänger:

Erklärung nach § 13b (5) Satz 8 UStG i.V.m. A. 13b.8 UStAE

Der Leistende und der Leistungsempfänger gehen übereinstimmend davon aus, dass bei dem Auftrag (eindeutige Beschreibung einfügen):

_____

○ eine Bauleistung im Sinne des § 13b (2) Nr. 4 UStG vorliegt. Da der Leistungsempfänger über eine gültige USt-1-TG-Bauleistungsbescheinigung verfügt, wird deshalb die Steuerschuldnerschaft auf den Leistungsempfänger übertragen nach § 13b (5) UStG. Der Leistende erklärt, dass er über eine gültige § 48b-EStG-Freistellungsbescheinigung verfügt.

Hinweis: Der Leistende übergibt dem Leistungsempfänger die § 48b-EStG Freistellungsbescheinigung, der Leistungsempfänger übergibt dem Leistenden die USt-1-TG-Bauleistungsbescheinigung.

○ eine Gebäudereinigungsleistung im Sinne des § 13b (2) Nr. 8 UStG vorliegt. Da der Leistungsempfänger über eine gültige USt-1-TG-Gebäudereinigungsbescheinigung verfügt, wird deshalb die Steuerschuldnerschaft auf den Leistungsempfänger übertragen nach § 13b (5) UStG.

Hinweis: Der Leistungsempfänger übergibt dem Leistenden die USt-1-TG-Gebäudereinigungsbescheinigung.

Die Steuerschuldnerschaft wird auf den Leistungsempfänger übertragen.

Datum: _____

_____   _____
Unterschrift des Leistenden   Unterschrift des Leistungsempfängers

_____   _____
Wiederholung in Druckbuchstaben   Wiederholung in Druckbuchstaben

Die Unterzeichnung hat von Personen zu erfolgen, die zur Abgabe derartiger Erklärungen ermächtigt sind !

© Ihr-Ziel.de Pede

Anlage 7 (Vorschlag für eine Erklärung)

Leistender:	Leistungsempfänger:

Erklärung nach § 13b (5) Satz 8 UStG i.Vm. A. 13b.8 UStAE

Der Leistende und der Leistungsempfänger gehen übereinstimmend davon aus, dass bei dem Auftrag (eindeutige Beschreibung einfügen):

- o Eine Lieferung im Sinne des § 13b (2) Nr. 7 UStG vorliegt (Schrott-, Altmetall- und Abfallstoffe bzw. nicht mehr gebrauchsfähige Maschinen, Heizkessel, Fahrzeugwracks, Elektro- und Elektronikgeräte; vgl. A. 13.4 UStAE).
- o Eine Lieferung im Sinne des § 13b (2) Nr. 9 UStG vorliegt (bestimmte Goldprodukte; vgl. A. 13b.6 UStAE).
- o Eine Lieferung im Sinne des § 13b (2) Nr. 10 UStG vorliegt (Mobilfunkgeräte, Tablet-Computer, Spielekonsolen und integrierte Schaltkreise; vgl. A. 13b.7 UStAE). Die Summe der für die steuerpflichtigen Lieferungen dieser Gegenstände in Rechnung zu stellenden Bemessungsgrundlagen beträgt mindestens 5.000 € (abzustellen ist dabei auf alle im Rahmen eines zusammenhängenden wirtschaftlichen Vorgangs gelieferten Gegenstände).
- o Eine Lieferung im Sinne des § 13b (2) Nr. 11 UStG vorliegt (bestimmte Metalle; vgl. A. 13b.7a UStAE). Die Summe der für die steuerpflichtigen Lieferungen dieser Gegenstände in Rechnung zu stellenden Bemessungsgrundlagen beträgt mindestens 5.000 € (abzustellen ist dabei auf alle im Rahmen eines zusammenhängenden wirtschaftlichen Vorgangs gelieferten Gegenstände).

Die Steuerschuldnerschaft wird auf den Leistungsempfänger übertragen.

Datum: _____

Unterschrift des Leistenden

Unterschrift des Leistungsempfängers

Wiederholung in Druckbuchstaben

Wiederholung in Druckbuchstaben

Die Unterzeichnung hat von Personen zu erfolgen, die zur Abgabe derartiger Erklärungen ermächtigt sind !

Hinweis: Unter die oben genannten Vorschriften fallen grundsätzlich nur Gegenstände bestimmter Zolltarifnummern. Die am Umsatz beteiligten Unternehmer haben bei Zweifeln die Möglichkeit, bei der Zollverwaltung eine Zolltarifauskunft für Umsatzsteuerzwecke (uvZTA, Vordruckmuster 0310) zu beantragen. Die Zollverwaltung teilt dann die Zolltarifnummer mit. Im Internet hat die Zollverwaltung unter „www.zoll.de" dafür weitere Informationen und das Antragsformular eingestellt (dort nach „uvZTA" suchen).

Anlage 8 (Vorschlag für eine Erklärung)

Leistender:	Leistungsempfänger:

Erklärung nach § 13b (5) Satz 8 UStG i.Vm. A. 13b.8 UStAE

Der Leistende und der Leistungsempfänger gehen übereinstimmend davon aus, dass bei dem Auftrag (eindeutige Beschreibung einfügen):

- ○ Eine Lieferung im Sinne des § 13b (2) Nr. 5b UStG vorliegt (Lieferung von Gas und Elektrizität).

- ○ Eine Übertragung im Sinne des § 13b (2) Nr. 6 UStG vorliegt (Berechtigungen nach § 3 Nr. 3 des Treibhausgas-Emissionshandelsgesetzes, Emissionsreduktionseinheiten nach § 2 Nr. 20 des Projekt-Mechanismen-Gesetzes, zertifizierten Emissionsreduktionen nach § 2 Nr. 21 des Projekt-Mechanismen-Gesetzes, Emissionszertifikaten nach § 3 Nr. 2 des Brennstoffemissionshandelsgesetzes sowie von Gas- und Elektrizitätszertifikaten).

- ○ Eine Leistung im Sinne des § 13b (2) Nr. 12 UStG vorliegt (sonstige Leistung auf dem Gebiet der Telekommunikation).

Die Steuerschuldnerschaft wird auf den Leistungsempfänger übertragen.

Datum: _____

Unterschrift des Leistenden	Unterschrift des Leistungsempfängers
Wiederholung in Druckbuchstaben	Wiederholung in Druckbuchstaben

Die Unterzeichnung hat von Personen zu erfolgen, die zur Abgabe derartiger Erklärungen ermächtigt sind !

© Ihr-Ziel.de Pede

Anlage 9 (Vorschlag für eine Erklärung)

Auftraggeber:	Leistender:

Erklärung einer juristischen Person des öffentlichen Rechts nach § 13b (5) Satz 11 UStG

Sie haben bei uns die folgende Lieferung bzw. sonstige Leistung bestellt (eindeutige Beschreibung einfügen):

_____

Da diese unter § 13b UStG (Steuerschuldnerschaft des Leistungsempfängers) fallen könnten, bitten wir um folgende Rückäußerung (bitte ankreuzen):

○ Die oben genannten Lieferungen bzw. sonstigen Leistungen werden ausschließlich für unseren nichtunternehmerischen Bereich bezogen.

○ Die oben genannten Lieferungen bzw. sonstigen Leistungen werden teilweise oder überhaupt nicht für unseren nichtunternehmerischen Bereich bezogen.

Datum: _____

_____

Unterschrift / Stempel des Auftraggebers

_____

Wiederholung der Unterschrift in Druckbuchstaben

Die Unterzeichnung hat von einer Person zu erfolgen, die zur Abgabe einer derartigen Erklärung ermächtigt ist !

Anlage 10 (Musterbescheinigung USt-1-TG)

Anschrift des Steuerpflichtigen	Finanzamt _____ Gz. _____ Datum _____

Bescheinigung für Zwecke der Steuerschuldnerschaft des Leistungsempfängers bei Bauleistungen und / oder Gebäudereinigungsleistungen

(§ 13b Absatz 2 Nummer 4 und / oder Nummer 8 Umsatzsteuergesetz)

Hiermit wird zur Vorlage bei dem leistenden Unternehmer / Subunternehmer bescheinigt, dass

_____

(Name und Vorname bzw. Firma)

_____

(Anschrift, Sitz)

☐ Bauleistungen nach § 13b Absatz 2 Nummer 4 Umsatzsteuergesetz (UStG)

☐ Gebäudereinigungsleistungen nach § 13b Absatz 2 Nummer 8 UStG

nachhaltig erbringt und

☐ unter der Steuernummer _____

☐ unter der Umsatzsteuer-Identifikationsnummer _____

registriert ist.

Für die oben genannten empfangenen Leistungen schuldet daher der Leistungsempfänger die Umsatzsteuer (§ 13b Absatz 5 UStG).

Diese Bescheinigung gilt bis zum Ablauf des: _____

(Die Gültigkeitsdauer der Bescheinigung ist auf einen Zeitraum von längstens drei Jahren nach Ausstellungsdatum zu beschränken.)

(Dienstsiegel)   Dieses Schreiben wurde maschinell erstellt und ist ohne Unterschrift gültig.

Anlage 11 (Musterbescheinigung USt-1-TH)

Anschrift des Steuerpflichtigen	Finanzamt _____
	Gz. _____
	Datum _____

Nachweis für Wiederverkäufer von Erdgas und/oder Elektrizität für Zwecke der Steuerschuldnerschaft des Leistungsempfängers
(§ 13b Abs. 2 Nr. 5 Buchstabe b und Abs. 5 UStG)

Hiermit wird zur Vorlage bei dem leistenden Unternehmer bzw. unternehmerischen Leistungsempfänger bescheinigt, dass

_____
(Name und Vorname bzw. Firma)

_____
(Anschrift, Sitz)

Wiederverkäufer von

☐ Erdgas **1)**

☐ Elektrizität **2)**

im Sinne von § 3g Abs. 1 UStG ist und

☐ unter der Steuernummer _____

☐ unter der Umsatzsteuer-Identifikationsnummer _____

registriert ist.

Diese Bescheinigung verliert ihre Gültigkeit mit Ablauf des: _____

(Die Gültigkeitsdauer der Bescheinigung ist auf einen Zeitraum von längstens drei Jahren nach Ausstellungsdatum zu beschränken.)

(Dienstsiegel)   Dieses Schreiben wurde maschinell erstellt und ist ohne Unterschrift gültig.

1) Für empfangene Lieferungen von Erdgas im Sinne von § 13b Abs. 2 Nr. 5 Buchstabe b UStG wird die Steuer vom Leistungsempfänger geschuldet (§ 13b Abs. 5 Satz 3 UStG).

2) Für Lieferungen von Elektrizität im Sinne von § 13b Abs. 2 Nr. 5 Buchstabe b UStG wird die Steuer vom Leistungsempfänger geschuldet, wenn auch der Vertragspartner Wiederverkäufer im Sinne von § 3g Abs. 1 UStG ist (§ 13b Abs. 5 Satz 4 UStG).

Anlage 12 (Musterbescheinigung USt-1-TQ)

Anschrift des Steuerpflichtigen	Finanzamt _____
	Gz. _____
	Datum _____

Nachweis für Wiederverkäufer von Telekommunikationsdienstleistungen für Zwecke der Steuerschuldnerschaft des Leistungsempfängers
(§ 13b Abs. 2 Nr. 12 UStG)

Hiermit wird zur Vorlage bei dem leistenden Unternehmer bescheinigt, dass

_____
(Name und Vorname bzw. Firma)

_____
(Anschrift, Sitz)

Wiederverkäufer von sonstigen Leistungen auf dem Gebiet der Telekommunikation ist und

☐ unter der Steuernummer _____

☐ unter der Umsatzsteuer-Identifikationsnummer _____
registriert ist.

Für die o.g. empfangenen Leistungen wird deshalb die Steuer vom Leistungsempfänger geschuldet (§ 13b Abs. 5 UStG).

Diese Bescheinigung verliert ihre Gültigkeit mit Ablauf des: _____
(Die Gültigkeitsdauer der Bescheinigung ist auf einen Zeitraum von längstens drei Jahren nach Ausstellungsdatum zu beschränken.)

(Dienstsiegel)   Dieses Schreiben wurde maschinell erstellt und ist ohne Unterschrift gültig.

Anlage 13 (Musterbescheinigung USt-1-TS)

Anschrift des Steuerpflichtigen	Finanzamt _____
	USt-IdNr./Gz. _____
	Datum _____

Bescheinigung über die Ansässigkeit im Inland
nach § 13b Abs. 7 Satz 5 Umsatzsteuergesetz (UStG)

Hiermit wird zur Vorlage bei dem Leistungsempfänger

_____
(Name und Vorname bzw. Firma)

_____
(Anschrift)

bescheinigt, dass der leistende Unternehmer

_____
(Name und Vorname bzw. Firma)

_____
(Art der Tätigkeit bzw. Gewerbezweig)

☐ zur Zeit in _____
(Anschrift, Sitz)

und damit im Inland ansässig ist.
Für sonstige Leistungen im Sinne von § 13b Abs. 1 UStG, für Werklieferungen und sonstige Leistungen im Sinne von § 13b Abs. 2 Nr. 1 UStG und für Lieferungen im Sinne von § 13b Abs. 2 Nr. 5 Buchst. a UStG wird deshalb die Steuer **nicht** vom Leistungsempfänger geschuldet (§ 13b Abs. 5 UStG).

☐ zur Zeit in _____
(Anschrift, Betriebsstätte)

eine Betriebsstätte im umsatzsteuerlichen Sinne unterhält.
Für sonstige Leistungen im Sinne von § 13b Abs. 1 UStG, für Werklieferungen und sonstige Leistungen im Sinne von § 13b Abs. 2 Nr. 1 UStG und für Lieferungen im Sinne von § 13b Abs. 2 Nr. 5 Buchst. a UStG wird die Steuer **nicht** vom Leistungsempfänger geschuldet (§ 13b Abs. 5 UStG), **wenn** die Betriebsstätte an dem Umsatz beteiligt ist.

Diese Bescheinigung verliert ihre Gültigkeit mit Ablauf des: _____
(Die Gültigkeitsdauer der Bescheinigung ist auf einen Zeitraum von einem Jahr nach Ausstellungsdatum zu beschränken.)

(Dienstsiegel)　　　　Dieses Schreiben wurde maschinell erstellt und ist ohne Unterschrift gültig.

Anlage 14 (Rechnungshinweise „Reverse-Charge" in der EU)

Staat	Rechnungshinweis auf das Reverse-Charge-Verfahren
Belgien	BTW te voldoen door medecontractant - Artikel 51, § 2 CWBTW **oder** Vous - le client - êtes obligé d'acquitter la TVA -Article 51, § 2 CTVA **oder** Pas de TVA belge due - report de paiement sur la base de l'article 196 de la directive TVA **oder** TVA a payer par le cocontractant d'apres l'article 51 § 2 5°
Bulgarien	Основание за начислява- не на ДДС: чл. 82, ал. 2, т. 3, във връзка с чл. 21, ал. 2 от ЗДДС **oder** обратно начисляване
Dänemark	omvendt betalingspligt
Deutschland	Steuerschuldnerschaft des Leistungsempfängers
Estland	Pöördmaksustatav käive. Maksustamise kohustus lasub ostjal **oder** pöördmaksustamine
Finnland	Käännetty verovelvollisuus, välityspalvelu
Frankreich (einschl. Monaco)	TVA due par le client selon l'article 283-1/2 du CGI **oder** TVA due par le preneur - articles 259, 1° et 283-2 du CGI **oder** Le client est obligé d'acquitter la TVA - Art. 283-1 du CGI **oder** Autoliquidation
Griechenland	Τόπος φορολογίας εκτός Ελλάδας., άρθρο 14 παρ. 2 (α) του Κώδικα ΦΠΑ (υπόχρεος ο λήπτης) **oder** Αντίστροφη επιβάρυνση
Italien	Operazione fuori campo IVA per mancanza del requisito di territorialità ex articolo 7- ter. del D.P.R. n. 633/1972 **oder** Prestazione non soggetta ad I.V.A.- Art. 7 DPR 633/72 **oder** Inversion contabile ai sensi dell'articolo 17 comma 2 e 3 D.P.R. 633/72 **oder** inversione contabile
Irland	Supply is subject to reverse charge VAT under Article 196 of Council Directive 2006/112/EC, recipient is liable to account for VAT **oder** VAT to be paid by the cocontractor
Kroatien	prijenos porezne obveze

Staat	Rechnungshinweis auf das Reverse-Charge-Verfahren
Lettland	pakalpojumi, kur par PVN samaksu ir atbildīgs to saņēmējs saskaņā ar Direktīvas Nr. 2006/112/EC 44.pantu (nodokļa apgrieztā maksā-ana) oder nodokļa apgrieztā maksāšana
Litauen	Prievolė sumokėti PVM tenka paslaugos gavėjui remiantis ES Direktyvos 2006/112/EB 44 ir 196 straipsniais (Atvirk-ti-nis apmokestinimas) oder Prievolė sumokėti PVM tenka paslaugos gavėjui remiantis ES Direktyvos 2006/112/EB 44 ir 196 straipsniais oder Atvirkštinis apmokestinimas
Luxemburg	Non soumis à la TVA luxembourgeoise en vertu de l'article 17, § 1, b) de la LTVA
Malta	VAT is payable by the customer under the reverse charge mechanism (art. 20(2)(b) and item 2(1) of Part Two of the Third Schedule to the VAT Act oder Inverżjoni tal-ħlas
Niederlande	BTW verlegd conform Art 12.3 Belastingwet oder Heffing van BTW verlegd naar de afnemer oder BTW verlegd oder Reverse Charge
Österreich	Umsatzsteuer wird vom Leistungsempfänger geschuldet (§ 19 UStG)
Polen	Zgodnie z art. 44 Dyrektywy 2006/112/WE nabywca jest zobowiany do rozliczenia VAT - odwrotne obciążenie oder odwrotne obciążenie
Portugal	Operação não sujeita – artigo 6.°, n.° 6, alínea a), a contrario sensu, do Código do IVA oder Autoliquidação
Rumänien	Export de bunuri scutit de TVA oder taxare inversă
Schweden	Försäljning av tjänst som omfattas av huvudregeln enligt 5 kap.1§ första stycket och 5§ mervärdesskattelagen (1994:200) oder Omvänd betalningsskyldighet oder omvänd beskattning
Slowakei	Príjemca služby je povinný zaplatiť DPH podľa Článku 196 smernice Rady 2006/112/ES oder prenesenie daňovej povinnosti
Slowenien	V skladu s 44. čl. Direktive 2006/112/ES velja obrnjeno davčno breme in je plačnik DDV prejemnik storitve oder Reverse Charge

Staat	Rechnungshinweis auf das Reverse-Charge-Verfahren
Spanien (einschl. Balearen)	Prestación de servicios sujeta por inversión del sujeto pasivo en virtud del artículo 84.Uno.2° de la Ley 37/1992 **oder** destinatario sujeto pasivo **oder** inversión del sujeto pasivo **oder** Operation sujeta a la inversion del sujeto pasivo de acuerdo con el Articulo 84.2 de la Ley del IVA
Tschechien	Osvobozené plnění od DPH podle § 64 ZDPH (Čl. 138 Směrnice Rady 2006/112/ES **oder** daň odvede zákazník
Ungarn	Az adó fizetésére a vevő kötelezett az Áfa törvény 37.§ (1) alapján **oder** forditott adózás
Zypern	ΦΠΑ- Αντίστροφη χρέωση - Άρθρο 11 του περί Φόρου Προστιθέμενης Αξίας νόμου Ν95(1)-2000

In vielen EU-Staaten ist in der Rechnung die **zusätzliche** Angabe der USt-IdNr und/oder der nationalen Steuer-Nr des Leistungsempfängers vorgeschrieben.

Diese Liste wurde mit Sorgfalt erarbeitet, für die Richtigkeit und Vollständigkeit der Ausführungen sowie für zwischenzeitliche Änderungen kann
aber keine Gewähr übernommen werden. **Für aktuelle und detaillierte landesspezifische Auskünfte bitte an die entsprechende Auslandshandelskammer wenden** (www.ahk.de dort unter Standorte).

© Ihr-Ziel.de Pede

Anlage 15 (Schaubild)

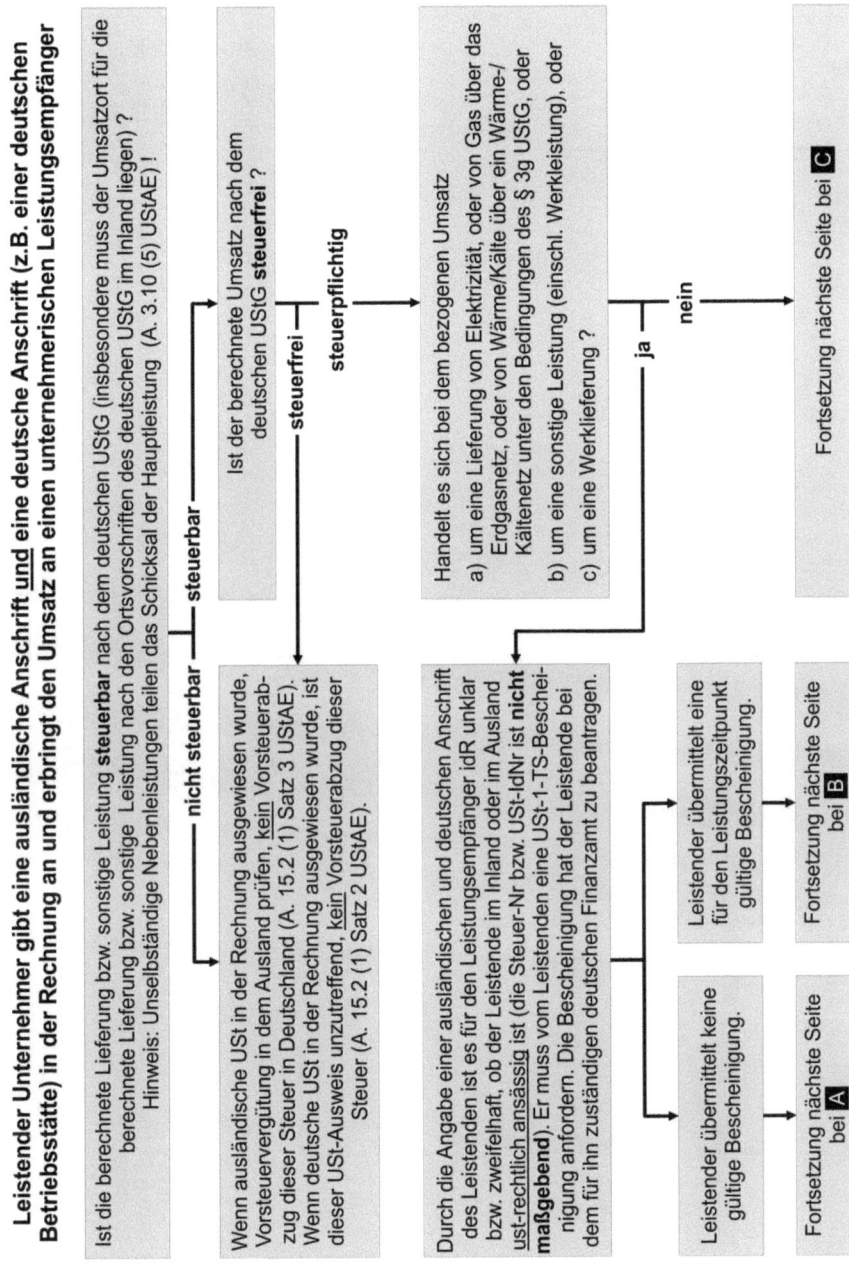

Anlage 15 (Schaubild - Fortsetzung)

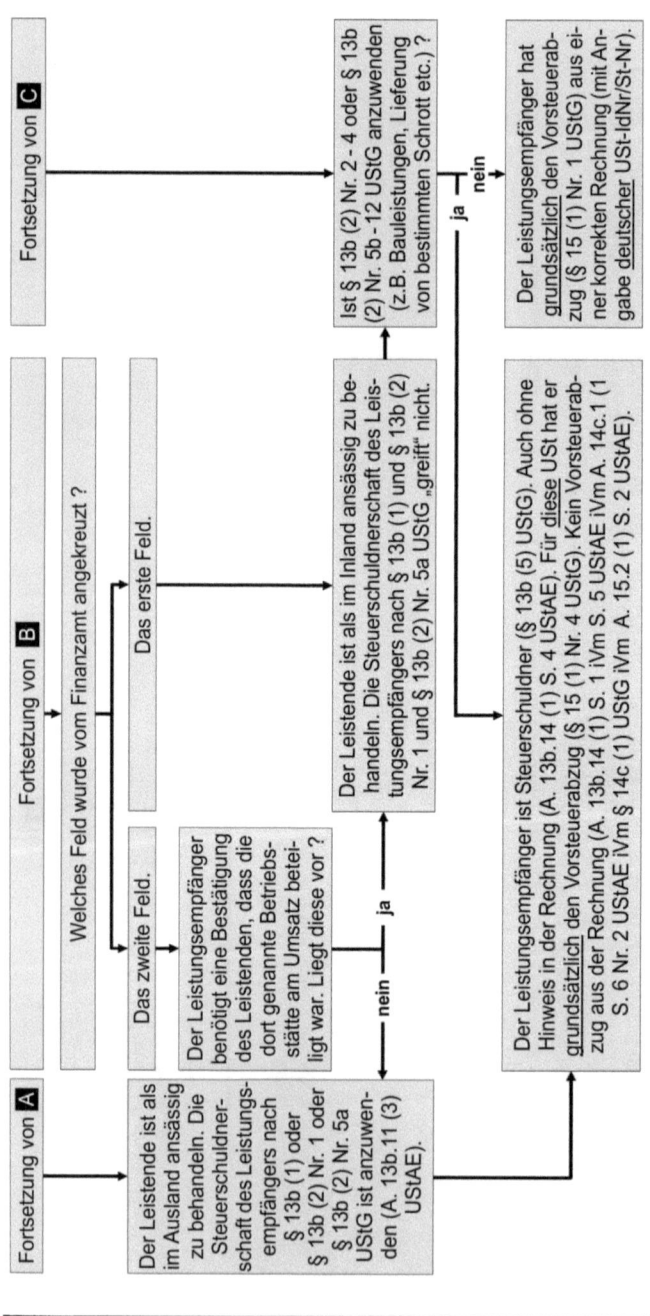

Fortsetzung von A

Der Leistende ist als im Ausland ansässig zu behandeln. Die Steuerschuldnerschaft des Leistungsempfängers nach § 13b (1) oder § 13b (2) Nr. 1 oder § 13b (2) Nr. 5a UStG ist anzuwenden (A. 13b.11 (3) UStAE).

Fortsetzung von B

Welches Feld wurde vom Finanzamt angekreuzt ?

Das zweite Feld.

Das erste Feld.

Der Leistungsempfänger benötigt eine Bestätigung des Leistenden, dass die dort genannte Betriebsstätte am Umsatz beteiligt war. Liegt diese vor ?

Der Leistende ist als im Inland ansässig zu behandeln. Die Steuerschuldnerschaft des Leistungsempfängers nach § 13b (1) und § 13b (2) Nr. 1 und § 13b (2) Nr. 5a UStG „greift" nicht.

— nein —   — ja —

Der Leistungsempfänger ist Steuerschuldner (§ 13b (5) UStG). Auch ohne Hinweis in der Rechnung (A. 13b.14 (1) S. 4 UStAE). Für diese USt hat er **grundsätzlich den Vorsteuerabzug** aus der Rechnung (A. 13b.14 (1) S. 1 iVm S. 5 UStAE iVm A. 14c.1 (1) UStG iVm § 14c (1) UStG iVm § 14c (1) S. 6 Nr. 2 UStAE iVm § 14c (1) S. 1 iVm A. 15.2 (1) S. 2 UStAE).

Fortsetzung von C

Ist § 13b (2) Nr. 2 - 4 oder § 13b (2) Nr. 5b - 12 UStG anzuwenden (z.B. Bauleistungen, Lieferung von bestimmten Schrott etc.) ?

— ja —   — nein —

Der Leistungsempfänger hat **grundsätzlich den Vorsteuerabzug** (§ 15 (1) Nr. 1 UStG) aus einer korrekten Rechnung (mit Angabe deutscher USt-IdNr/St-Nr).

Beachte: Ist nach diesem Schaubild der Vorsteuerabzug zulässig, sind damit aber nicht Beträge gemeint, die unter § 14c UStG fallen, diese sind nicht abziehbar (vgl. A.15.2 (1) Satz 2 UStAE). Außerdem sind die Vorschriften für den Ausschluss des Vorsteuerabzugs nach § 15 (1a) ff. UStG zu beachten. Auch kann eine bei der Differenzbesteuerung vorschriftswidrig in der Rechnung ausgewiesene Steuer nach A. 25a.1 (16) UStAE nicht abgezogen werden. In diesem **Schaubild wird nicht eingegangen** auf die Fälle des § 13b (6) UStG, auf die Einfuhr, auf den igErwerb nach § 1a iVm § 3d UStG (unabhängig von der Behandlung der Lieferung, siehe A. 3d.1 (2) UStAE), auf Reihengeschäfte (vgl. A. 3.14 UStAE), auf igDreiecksgeschäfte nach § 25b UStG, auf die Durchschnittssatzbesteuerung (§ 23a und § 24 UStG), auf Reiseleistungen (§ 25 UStG) und auf Umsätze mit Anlagegold (§ 25c UStG). Für einen igErwerb und in Fällen des § 13b UStG ist nicht Voraussetzung, dass eine nach § 14, 14a UStG ausgestellte Rechnung vorliegt (A. 15.10 (1) UStAE).

Notizen

Notizen